DUXINZHUANJIA

读心专家

高 邑◎编著

中国华侨出版社

图书在版编目（CIP）数据

读心专家/高邑编著．—北京：中国华侨出版社，
2012.4
ISBN 978－7－5113－2243－2

Ⅰ.①读…　Ⅱ.①高…　Ⅲ.①心理交往－通俗读物
Ⅳ.①C912.1－49

中国版本图书馆 CIP 数据核字（2012）第 039049 号

●读心专家

编　著/高　邑
责任编辑/李　晨
封面设计/智杰轩
经　销/新华书店
开　本/710×1000 毫米　1/16　印张 18　字数 220 千字
印　刷/北京溢漾印刷有限公司
版　次/2012 年 6 月第 1 版　2012 年 6 月第 1 次印刷
书　号/ISBN 978－7－5113－2243－2
定　价/32.00 元

中国华侨出版社　　北京朝阳区静安里 26 号通成达大厦 3 层　　邮编 100028
法律顾问：陈鹰律师事务所
编辑部：(010) 64443056　　64443979
发行部：(010) 64443051　　传真：64439708
网　址：www.oveaschin.com
e-mail：oveaschin@sina.com

花花世界，纷繁复杂、瞬息万变，它布满了诱惑。世界从某种意义上说就是一个江湖，有江湖就有利益的存在，有利益的存在就有分歧的出现，出现了分歧我们就不能不慎重，最起码你要懂得保护自己。我们在这世界上生活，几乎醒着的每一时每一刻，都不可避免地要与他人沟通和交往，而人性，偏偏又是这世界上最复杂的东西！一个人，无论只是想安安稳稳过一生，还是希望能够有所作为、出人头地，读懂人心这门学问，你都不能不掌握。

然而，这恐怕又会是你所遇到的、最深奥的人生课题，因为它确实难解！正如俗语所说的那般——"画龙画虎难画骨，知人知面难知心"，"人心隔肚皮，虎心隔毛皮"，"人心不古"，"人心难测"……可见，知人难，知人心更难！于是，这世间便有了"百智之首在于识人"一说，毋庸置疑，准确地掌握人心，是非绝顶智慧所不能的。你要知道，每个人的内心世界常常很复杂，甚至是矛盾的统一体，有的人外貌温厚和善，行为却骄横傲慢，非利不干；有的人貌似长者，其实是小人；有的人外貌圆滑，内心则刚直；有的人看似坚贞，实际上疲沓散漫；有的人看上去泰然自若，可他的内心却总是焦躁不安……

是故有人说："人心比海川还要高深，知人比知天还要艰难。"这话虽然有些偏颇，但却从侧面说明了人心的隐蔽性。细微之处见水平，

1

危难之中识真交，关键时刻显胆识。如何在最短的时间内了解一个人，洞察他深藏不露的内心玄机，并采取相应的交往方法，已经成为现实生活中建立人脉、成就事业必备的生存技能。有了知人的生存技能，就可以使你摆脱无所适从的困惑；可以让你具有认清环境和辨别他人的能力，可以使每个人在风云突变之际，让心灵从容地栖息在生命的港湾。学会读人辨人于弹指之间，可以察其心而制其人，观人于咫尺之内，从而识其言而审其本，潇洒地辗转于人生的竞技场，把人生的主动权牢牢地掌握在自己的手中。或许有人会说，任谁都知道识人的妙处，但它如此难以掌握，只是纸上谈兵、夸夸奇谈又有何用？其实不然，读心确实是一门高深的学问，但哪一门学问之中没有佼佼者？他们靠的是什么？靠的是研习、靠得是观察、靠得是领悟、考靠得实践，他们能学能用、触类旁通，在经验的积累中逐渐成形，这是求索的结果，自然在读心时同样适用。本书全方位、多角度地为读者展示了适应时代的读心技巧，对于书中的智慧，只要你用心领悟并践于行，无须多久，相信你就可以从对方的言谈举止中，观人于细致、察人于无形，轻而易举地看破他人他心，从而使你有一张王牌在手，使你倍加从容地融入社会，游刃有余地面对各种人生挑战，在人际交往中披荆斩棘，建立起人生的功业。

　　它给予你的，是把握人生的主动权；它成就你的，是如鱼得水、左右逢源；它能助你顺利地绕过人际交往中的险滩，让你的人生更加顺坦！——请记住，成也在人，败也在人！

目 录

一、 **阅人读心之"火眼金睛"**

　　不能识人就不能交人、用人，甚至是防人。识人一事，很多人往往不得要领，乃至一再失察，不得人脉。尤其是对于领导者而言，这更是管理上的大忌，因为一旦失察，便会错失人才、错用庸才，以致贤者不能在其职，能者不能在其位，给企业造成不可估量的损失。所以说，人们需要练就一双能够透过表象看清本质的火眼金睛，把人心看得透彻、看得全面，直至看到骨子里，这样你才能真正得到自己需要的人脉，使你立于不败之地。

见微知著，就近观察 …………………………………………… 2

要善于捕捉对方的心理 ………………………………………… 3

把握好话题的侧重点 …………………………………………… 5

由别人的眼神看到他的内心 …………………………………… 8

洞察他人的虚荣心……………………………………………… 10

向被求人自荐的 8 个要素 ……………………………………… 13

练就一双识人的"火眼金睛" ………………………………… 15

看人不能"凭风向" …………………………………………… 18

防人之心不可无……………………………………………… 21

不要以貌取人………………………………………………… 22

二、　阅人读心之品性观德

　　社会错综复杂，各种不确定的因素汇集在一起，无形之中增加了识人的难度。但是，即便是城府再深的人，也有内心外露之时。而内心的外露，最直接的表现形式就是一个的脾气秉性，所以，要想把人看透，不但要观其人，还要看他的德行。

审视自己的同船之人………………………………………… 26

要及时认识到对方的真实目的……………………………… 28

品德是识别一个人的重要特征……………………………… 31

根据性格特点去识别他人…………………………………… 33

要仔细观察对手……………………………………………… 39

如何识别对方谎言并使之说出真话………………………… 41

人的胸怀体现出他的前途…………………………………… 46

话不用都说在嘴上…………………………………………… 51

认清自私才会少受自私的伤害……………………………… 53

三、　阅人读心之眼明心亮

　　识人之难，难就难在每个人都有不同的特质，每个人都需要从不同的角度去衡量，这往往会令人眼花缭乱、真假难辨。但并不说，识人就没有窍门可言，其实，识人察人还是有一定规律可循的。掌握它，你就能在茫茫人海中一眼看到你所需要的人。

一眼鉴别英才 ·· 58

一眼读懂同事内心 ······································ 61

一眼识别自己的老板 ···································· 66

一眼读懂员工的心 ······································ 70

一眼了解朋友的类型 ···································· 73

一眼明白对手的类型 ···································· 76

一眼识别花心男人 ······································ 81

一眼读懂外遇前的征兆 ·································· 84

四、 阅人读心之全角审视

　　一些人的性格有双重甚至是多重性，其行为表现也会随之多样，所以说，如果但从某一方面断定一个人是善是恶、是忠是奸、是有才还是无才，是不够客观、准确的。因而我们识人，务必要全方位去审读，多角度来把握，如此方能不错失一个好人，错交一个奸人，放走一个人才，留下一个庸才。

人心隔肚皮，读人不容易 ································ 88

成大事者先识人 ·· 90

知人知面又知心 ·· 92

识透人心，做事才能潇洒从容 ·························· 95

要把注意力集中在优点上 ································ 97

学会多角度、多态势、多层次透视 ····················· 102

知人心的十大忌讳 ····································· 105

以全方位的角度看人 ··································· 112

仔细看透别人的心思 ··································· 114

善于把握一个人的本质特点 ····························· 116

五、 阅人读心之相由心生

俗话说"相由心生"。人，或许可以控制自己的言谈与举止，但绝对控制不了自己的外貌。而外貌恰恰是人内心的显示屏，它能流露出比言行更为真实的信息。假如你能读懂他人的外貌，那么，你也就能更为了解他人的内心。

观相貌，识性格 ……………………………………… 120
从气质特征识别对方 ……………………………… 122
发质是个性的重要反映 …………………………… 124
头部动作折射出的心理信息 ……………………… 127
眼睛透视对方的心灵 ……………………………… 130
眉毛的动态呈现了心境变化 ……………………… 133
从嘴巴动作观察人的性格 ………………………… 136
从下巴的形状与动作看人 ………………………… 138
从耳形看对方 ……………………………………… 141

六、 阅人读心之解析衣饰

看一个人的外表是无法完全洞悉其本质的，不过再审视他的衣着打扮，便可做出一个大致判断。衣着是思想的形象，这和有钱没钱无关。有的人衣着破烂，甚至丑陋，但其中却渗透着一种奇才的气质；有的人堂堂仪表，却是"金玉其外、败絮其中"……所以，要想迅速掌握他人的性格与爱好，就首先要从其衣着打扮看起。

从穿着风格识别对方心理 ………………………… 144

衣饰颜色炫出个性风采 ················· 150

妆容描画女人心 ···················· 152

T恤是个性的标语 ·················· 154

"帽子"盖不住思维的大脑 ············· 156

"手表"对待时间的态度 ·············· 159

手提包衬托出个性特征 ··············· 162

透过鞋子观察对方的性格 ············· 166

 七、　　　　阅人读心之察言观色

　　一个人的言语，在一定程度上可以反映一个人的一些实际情况。言谈话语表达出来的信息有真实与不真实之分，要想准确识别单凭感觉是不够的。你不仅要分析他人的话中之意，更要分析其言外之意，同时，还要捕捉住一些相关的细节加以辅证。假如不善于分析他人的言论，辨其是非善恶，是无法正确考察一个人的。

不要被言谈举止的表象所迷惑 ··········· 170

语速体现了人的个性 ················· 172

闻声辨人有法可循 ·················· 175

由言谈的方式捕捉对方心理 ············· 178

由言谈声调探察人心深度 ············· 180

语言风格展示个人修养 ··············· 183

口头禅背后的内心世界 ··············· 186

从闲谈破译他人的心态 ··············· 188

从客套话中看清对方的真心 ············· 192

从日常交流的动作语言看人 ············· 194

 八、 **阅人读心之细看喜好**

涉及兴趣爱好的时候，常常是一个人个性最张扬、防御最松懈的时候。一般来说，兴趣爱好总是和人的性格有关系，如果两个人有相同的兴趣爱好，这就说明两个人在性格的某些方面有相似之处。因此，识别一个人可以从他的兴趣爱好入手，这样不仅能够近距离看清他人的"庐山真面目"，而且容易找到针对性解决问题的方法。

阅报偏好体现的性格差异 …………………………………… 198
卧室装饰展现人的心态特征 ………………………………… 201
旅游方式折射性格差异 ……………………………………… 203
汽车喜好体现个人品位 ……………………………………… 205
运动喜好透视对方 …………………………………………… 207
玩电脑，反映人的性格 ……………………………………… 210
音乐也与人的性格相通 ……………………………………… 212
舞蹈比语言更能透露人的个性 ……………………………… 214
珍藏品蕴藏着人的心绪 ……………………………………… 217

 九、 **阅人读心之行为泄密**

在人的行为举止中，通常隐藏着大量真实的信息，反映了人的心态、性格、感情和欲望，等等。我们可以通过一个人的行为举止来观察他真实的内心世界，从而见机行事，我们的难度在于必须提前做出判断和反应，否则，恐怕就会比较被动了。

不同姿态走出不同的精彩 …………………………………… 220

站姿体现人的自信与风采 ············· 223

坐姿是窥探内心的关键 ············· 224

从睡姿了解对方的潜意识 ············· 228

通过手势识人 ············· 232

 十、 **阅人读心之微处辨识**

一个人在生活细节上的表现，不仅仅透露出一个人的性格，还可以反映人的潜意识，反映人潜在的愿望。在观察人、识别人时，假如不善于知人，就会鱼目混珠、忠奸不辨、智愚难分、滥竽充数。如此，轻者会埋没人才，重者则贻误事业，因此，我们在识人时必须知人以微、知人以细，要从小处、生活细节识人，以小见大。

生活细节反映内心愿望 ············· 236

通过生活琐事看人 ············· 240

从饮食习惯识别他人 ············· 242

由开车习惯观察对方心理 ············· 244

从床型看人 ············· 247

从洗澡习惯看人 ············· 250

签名习惯透视人心 ············· 253

由接电话习惯来判断对方 ············· 256

由刷牙的方式看生活态度 ············· 259

看涂写知道对方的愿望 ············· 261

看电子信箱知道生活质量 ············· 266

从办公桌的状态看人 ············· 268

从电话式样判断人心 ············· 271

通讯录隐藏的心态 ············· 273

一、阅人读心之"火眼金睛"

　　不能识人就不能交人、用人，甚至是防人。识人一事，很多人往往不得要领，乃至一再失察，不得人脉。尤其是对于领导者而言，这更是管理上的大忌，因为一旦失察，便会错失人才、错用庸才，以致贤者不能在其职，能者不能在其位，给企业造成不可估量的损失。所以说，人们需要练就一双能够透过表象看清本质的火眼金睛，把人心看得透彻、看得全面，直至看到骨子里，这样你才能真正得到自己需要的人脉，使你立于不败之地。

见微知著，就近观察

　　相处观察，是常用的知人方法，自古到今流传着车载斗量的相处知人佳话。20 世纪 20 年代，英国首相艾登与斯里兰卡总理班达拉奈克同在牛津大学读书，当时他们都才是 20 多岁的青年。通过相处，艾登深知班达拉奈克的德才，他曾对同学说，班达拉奈克一定是他国家未来的总理，35 年之后，艾登的预言成为事实，班达拉奈克成了自己祖国独立后的第一任总理。

　　相处观察法要求知人者具有眼力，善于见微知著，从行为现象看到人的本质特征，还要善于从具体情境中发现人的才干，看到人的特长。

　　唐朝韩晃在朝廷当官后，一位远房亲友远道而来，想找他谋个事。韩晃当面对他考核一番，结果很失望，这位亲友一无所长。韩晃打算送些盘缠让他回去。在送行的宴席上，韩晃却发现他不卑不亢，品行端正，觉得这也是一个难得的特点。于是把他留下，派他去监管军队的仓库。这个人上任后，严明条律，以身作则，据说再也没人敢随便到仓库去捞取公物了。

　　相处观察法是传统使用的知人方法，由于时间和空间的限制，它的作用受到局限。这种传统方法发展到今天，必须引进一些现代知人的手段和技术，以突破自身的局限。

要善于捕捉对方的心理

每个人从小学起就有这样的经验，写作文，最怕的就是文不对题。说也是这样，最忌讳"南辕北辙"。试想，假如你是位数学老师，你却在课堂上大谈历史；面对农民，你对航天科技滔滔不绝；领导因产品销路不畅心情不好，你却对本单位的管理问题大加分析。可能你讲得很对，有时也很有道理、很有价值，但人家不需要。"对牛弹琴"的结果顶多不过是白费点力气，可你的交流对象是人，有时还是掌握你命运的上司和领导，假如你真的这样说了，后果可能就远远不是白费点嘴皮子那么简单了。

在美国，神学院毕业的学生，必须要到乡村教会去当一定时间的牧师，一来可以丰富他们的工作经验，二来可以锻炼他们的韧性和毅力，为他们日后能够更好地宣传神学、更好地发展打下基础。

有一位成绩和各方面表现都十分突出的学生，从一所著名的神学院毕业后，自愿到一个以牧业为主、生活十分艰苦、人们的认识还比较落后的村庄去担任牧师。为了使那里的人们很好地接受自己，并扩大自己的影响，他准备召开一个布道大会。经过紧张而又繁忙的准备之后，他的布道大会如期召开了。但令他失望的是，他等了足足一个上午，却只有一个牧童来到了会场。他心灰意懒，准备将布道大会取消，但为了不让牧童反感，他主动向牧童征询意见。结果牧童说：

3

"亲爱的牧师先生，要不要取消大会我不知道，但我知道一件事，在我所养的 100 只羊中，就算迷失了 99 只，只剩最后一只，我还是要养它。"年轻牧师顿有所悟，决定大会如期举行。牧师使出浑身解数，对这位牧童全力进行灌顶，想不到这位牧童竟然睡着了。

牧师非常难过，却又不好意思叫醒牧童，结果他又等了整整一个下午。

到了黄昏，牧童醒了，牧师就迫不及待地问牧童："你为什么睡着了，难道我讲得不好吗？"牧童回答说："亲爱的牧师先生，你讲得好不好我不知道，但我知道，当我在养羊的时候，绝对不会拿我最喜欢吃的汉堡给羊吃，而要拿给羊最想吃的牧草。"牧师经过一番思考，终于大彻大悟。

过了不长的时间，这位牧师成为了全美国最著名的牧师。

有的人认为，这位牧师的布道大会失败了，因为他在大多数人们不需要布道大会的时候举办了布道大会，并且对唯一的一位参加者讲述了人家并不需要的内容；也有的人觉得，他的布道大会成功了，因为他明白了只有从人们的需要出发对人们进行引导，才能把神学发扬光大。事实上，正所谓"成也萧何，败也萧何"，牧师布道大会的失败在于他忽视了人们的需要，牧师后来能够成功则归功于他重视了人们的需要。

还是让我们回到"说"的主题上来吧。人世间有很多道理是相通的，做事需要我们考虑别人的需求，说话、交流也必须要重视他人的需要。

因此，在"说"之前，你要明白，对方想听什么、爱听什么、最需要什么，否则，说了还不如不说。也就是说，要揣摩听者的心理。

　　首先，你要清楚地了解对方的过去。当然，你不需要像一个侦探一样事无巨细，因为你需要的不是他的全部，只需留心他的日常言行，倾听周围人群的谈论，你就会对他的处世风格、性格爱好、优缺点等了如指掌。

　　然后，你要关注对方的现状。你跟对方交流，应该是有目的的。知道对方的现实问题和急需之处，你在说的时候就不会无的放矢。

　　最后，你要为对方提点建议。说，总是有一定内容的，而且这些内容必须倾向于为对方解决问题，创造未来。也许你说的东西不一定非常管用，但没关系，至少你"说"的目的已经达到，你们的关系也会因为默契的交流而更加密切。

　　记着，在人们饥饿的时候给他半块馒头，比在他富有时给他十根金条更能让人刻骨铭心。

把握好话题的侧重点

　　谈话是日常生活中一项不可缺少的重要内容，而任何一件事都可以成为我们谈论的话题。在谈话中，虽然谈话者不是非常直观地说出自己、透露出自己，但随着谈话的进行，谈话者会在不知不觉、有意无意当中暴露出其性格。在这个过程中，应注意谈论内容是什么，谈论者的神态和动作怎样。细心一点，一定会获得一些有益的东西。

　　假如一个人在叙述某一件事的时候，仅仅是单纯地在叙述，不加

入过多的自我感情色彩，而是将自己置于事外，则表明这个人比较客观、理智，情感比较稳定和沉着，不会有过激的行为。

相反，一个人在叙述某一件事时，自我感情相当的丰富，尤其是注意个别的细节，则说明这个人的感情比较细腻，会一触即发。

一个经常谈论自己，包括自我的个性，曾有的经历，对外界某些事物的看法、态度和意见，等等，一般而言，这样的人大多是比较外向的，感情色彩鲜明且强烈，主观意识比较浓厚，爱表现或公开自己，多少会有点虚荣。

与此相反，假如一个人不常谈论自己，包括自我的性格、曾有的经历，对外界某些事物的看法、态度和意见，等等，则表明这个人的性格比较内向，感情色彩不鲜明也不强烈，主观意识比较淡薄，不太爱表现或公开自己，比较保守，多少有自卑的心理。另外，这种人或许有很深的城府。

假如一个人在说话的时候，习惯于进行因果或逻辑关系的推理，给予一定的评价和判断，说明这个人有很强的逻辑思维能力，比较客观和注重实际，主观意识和自信心比较强，往往会将自己的思想观点强加于别人的身上。

假如一个人的谈话属于概括型的，十分的简单，但又准确到位，注重结果而不太关心某个细节的过程，平时关心的也是宏观上的大问题，则显示出这个人具有一定的管理者和领导者才能，独立性比较强。

假如一个人的谈话十分注重过程中的某个具体问题的细节，对局部的关心要多于对整体的关注，则表明这个人适合于从事某项比较具体的工作。这一类型的人支配他人的欲望不是很强烈，或许会顺从于别人的领导。

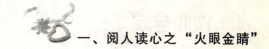

一个人谈论的内容多倾向于生活中的琐事，表明他是属于安乐型的人，注重享受生活的舒适和安逸。

一个人如果经常谈论国家大事，表明他的视野和目光比较开阔，而不是局限在某一个小圈子里。

一个人如果喜欢畅想将来，则表明他是一个爱幻想的人，这种人有的能将幻想付诸行动，有的却不能。前者注重计划和发展，实实在在地去做，很可能会取得一番成就。但后者只是停留在口头说说而已，最终多一事无成。

在谈话时，比较注重自然现象，那么这个人的生活一定很有规律，为人处世也非常小心和谨慎。

经常谈论各种现象和人际关系的人，可能自己在这一方面颇有心得。

不愿意对人指手画脚、进行评论的人，偶尔在不得已的时候发表自己的看法，当面与背后的言辞也多会基本保持一致，这说明这个人是非常正直和真诚的。

对他人的评价表面一套，背地一套，当面奉承表扬，背后谩骂、诋毁，表明这个人是极度虚伪的。

有些人不断地指责他人的缺点和过失，目的是通过对比来证明和表明他思想不够集中，而且缺少必要的宽容、尊重、体谅和忍耐。

假如一个人不论谈论什么话题，都会不自觉地将金钱扯入话题中。

"这套房子可真够豪华的啊！"

"是吗？那你想它大概值多少钱呢？"

"今天的结婚典礼，你觉得怎样？"

"以这种菜色来说，一桌 1 万元似乎太贵了一点吧！"

这种类型的人，常常缺乏梦想，而这个缺乏梦想的缺点，很有可能会成为其人格上的致命伤，因为太过于倾向现实主义，只知道赚大钱是自己人生唯一的梦想，所以，对于他人会有怎样的梦想，根本漠不关心。

令人想不到的是，这种超级现实主义的人，其内心也隐隐潜伏着不安全感。在他们的观念中"金钱就是全世界"，反过来讲，"假如没有金钱，也就无法生存下去"，"没有金钱的人，也就失去其生存的价值"。因此，只要他们身边一没有钱，他们就会感到非常的惶恐与不安，而且自己会有一种被抛弃的感觉。他们更不敢去想象，当自己身无分文、一文不名的时候，还有什么东西会留在自己的身边。

每个人说话都有其不同的侧重点，只要细心分析，透过这些言语特征，我们就可以基本掌握一个人的内心世界。要知道，心有所想，才会口有所言，一个人爱说什么，从某种程度上正反映出了他的秉性。

由别人的眼神看到他的内心

深层心理中的欲望和感情，首先反映在视线上，视线的移动、方向、集中程度等都表达不同的心理状态。一个人的性情表现最显著、最难掩盖的部分，不是语言，不是动作，也不是态度，而是眼睛。言语、动作、态度都可以用假装来掩盖，而眼睛是无法假装的。而通过一个人的眼睛观察人的性格尤重眼神。需要别人帮忙或有事请教的时候，要注意观察对方的眼神，也许会避免一些不必要的麻烦。

眼神散乱，说明他毫无办法，向他请教也是没用。

眼神沉静，说明他对于你着急的问题成竹在胸。如果他不肯明白说出方法，这可能是因为事关机密或有其他隐情，不必要多问，只静待他的发落便是。

眼神横射，仿佛有刺，便可明白他异常冷淡，如有请求，暂且不必向他陈说，应该从速借机退出，即使多逗留一会儿也是不合适的，退而研究他对你冷淡的原因，再谋求恢复感情的途径。

眼神呆滞，唇皮泛白，对方对于当前的问题惶恐万状，尽管口中说不要紧，他虽未绝望，也的确还在想办法，但却一点也想不出所以然来。你不必再多问，应该退去考虑应付办法，如果你已有办法，应该向他提出，并表示有几成把握。

眼神阴沉，应该明白这是凶狠的信号，你与他交涉，须得小心一点。他那一只毒辣的手，正放在他的背后伺机而出。如果你不是早有准备想和他见个高低，那么最好从速鸣金收兵。

眼神流动异于平时，对方可能是心怀诡计，想给你苦头尝尝。这时应步步为营，不要轻举妄动，前后左右都可能是他安排的陷阱，一失足便跌翻在他的手里。不要过分相信他的甜言蜜语，这是钩上的饵，要格外小心。

眼神似在发火，他此刻是怒火中烧，意气极盛，如果不打算与他决裂，应该表示可以妥协，速谋转机。否则，再逼紧一步，势必引起正面的剧烈冲突了。

眼神四射，神不守舍，便可明白他对于你的话已经感到厌倦，再

说下去必无效果。你不如赶紧告一段落，或乘机告退，或者寻找新话题。

眼神恬静，面有笑意，你可明白他对于某事非常满意。你要讨他的欢喜，不妨多说几句恭维话，你要有所求，这也是个好机会，相信一定比平时更容易满足你的希望。

眼神凝定，便可明白他认为你的话有一听的必要，应该照你预定的计划婉转陈说，只要你的见解不差，你的办法可行，他必定是乐于接受的。

眼神上扬，便可明白他是不屑听你的话，无论你的理由如何充分，你的说法如何巧妙，还是不会有高明的结果，不如戛然而止，退而求接近之道。

眼神下垂，连头都向下倾了，便可明白他是心有重忧，万分苦恼。你不要向他说得意事，那反而会加重他的苦痛，你也不要向他说苦痛事，因为同病相怜越发难忍，你要说些安慰的话，并且从速告退，多说也是无趣的。

洞察他人的虚荣心

那些在社会上有身份、有地位的人是非常重视名声的。这里涉及所谓的"面子"问题。"面子"应该说人皆要之，但好之则有虚荣之嫌。

汉代的大辞赋家司马相如，出川漫游，一篇《子虚上林赋》博得了海内文名。当时的博雅之士，无不以结识司马相如为荣。

有一次，司马相如外游回成都的路上，路过临邛。临邛县令王吉久仰司马相如的名声，恭请至县衙。此事惊动了当地富豪卓王孙，他也想结识一下，以附庸风雅。但他仍摆脱不了商人的庸俗，故而实为请司马相如，但名义上却是请县令王吉，让司马相如作陪。司马相如本来看不起这班无才暴富之人，所以压根没准备去赴宴。

到了约定日期，司马相如却没有来。卓王孙如热锅蚂蚁，王吉只好亲自去请。司马相如驳不过王吉面子，来到卓府。卓王孙一见他的穿戴，心中早已怀瞧不起之意，司马相如全然不顾这些，大吃大嚼，只顾与王吉谈笑。

忽然，后院楼上传来悠扬婉转的琴声。这琴声似流水潺潺溪涧，又似微风拂过微皱的水面；似骏马奔驰原野，又似惊涛拍岸……原来这是卓王孙的女儿卓文君所奏。卓文君一向爱慕司马相如的相貌和才华，得知司马相如到来之后故意弹奏一曲向司马相如表达爱慕之心。司马相如一下子停止了说笑，倾耳细听起来。此时的司马相如感到自己碰到前世冥冥注定的知音。琴声让他不仅忘却了眼前的一切，而且使他在情不自禁中忘却了自我。司马相如乘着酒兴，弹了一曲《凤求凰》向卓文君表达爱意。就在这音乐的交流与碰撞中，他们以身相许，遂定终身。卓文君当夜私奔到司马相如处，两人一起逃回成都。卓王孙知道后，气得暴跳如雷，发誓不准他们返回家。

卓文君随司马相如回到成都后才发现，她的夫君虽然名声在外，但家中却很是贫寒。用家徒四壁、一贫如洗来形容一点也不为过。在万般无奈的情况下，他们只好返回临邛，硬着头皮托人向卓王孙请求一些资助。不料，卓王孙破口大骂，将他们蛮横地拒之门外，并且叫来人带话让他们永远不要回来。

夫妇俩很快想出了一个"绝招"。第二天，司马相如把自己仅有的车、马、琴、剑及卓文君的首饰卖了一笔钱，在距卓府不远的地方租了一间屋子，开了一个小酒铺。司马相如穿上伙计的衣服，撸起袖子、卷起裤腿，像酒保一样，又是擦桌椅，又是搬物什，里里外外忙个不停；卓文君则粗布衣裙，忙里忙外，招待来客。酒店刚开张，就吸引了许多人前来目睹这两位远近闻名的落难夫妇。司马相如夫妇一点也不感到难堪，内心倒很高兴，因为这正好有了一部分收入，而且还达到了他们的目的——给顽固不化的老爷子颜色看，让他也在临邓县丢丢人、现现眼。

卓王孙在临邓县也是有头有脸的一方士绅，哪里允许临邓县的父老乡亲在他背后指指点点，戳着脊梁说笑话呢？这让卓王孙很伤脑筋，撒手不管不闻不问吧，闹得满城风雨，耳朵根子实在不得清闲，去管他们吧却又抹不开面子。正在他左右为难、一筹莫展之际，有几个朋友劝卓王孙说："俗话说得好：'嫁鸡随鸡，嫁狗随狗，嫁条扁担扛着走！'令爱既然愿意嫁给他，就随她去吧。再说司马相如毕竟有相当的过人之才，而且还是县令的朋友。尽管现在贫寒，但凭他的才华，将来一定会有出头的日子，应该接济他们一些钱财，何必与他们为难呢？"

万般无奈，卓王孙只好借着这个台阶给自己下了台。于是送给司马相如夫妇仆人两名，钱财百万。司马相如夫妇大喜，带上仆人和钱财，回成都生活去了。

对于那些爱慕虚荣的人来说，应该说这就是一大弱点。如果通过

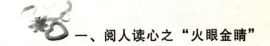

细致入微地观察，抓住了交往中对方的这一弱点，并适当地加以发挥，或许还能收到"山重水复疑无路，柳暗花明又一村"的效果呢！

向被求人自荐的 8 个要素

（1）推荐自己要有自身的特色

推荐自己必须先从引起对方的注意开始，假如对方不在意你的存在，那就谈不上推荐自己。那么，怎样引起对方的注意呢？关键是要有自身的特色。这里所说的特色，并非什么文凭、哪个单位鉴定合格不合格，只要是接受的人认为有特色就可以了。

（2）推荐自己应以对方为导向

在推荐自己的时候，注重的应该是对方的需要和感受，并根据他们的需要和感受说服对方，被对方接受。北京某大学新闻系的女生甲，学习成绩非常优秀，业务能力也很强。听说一家大报社招人，她先花一天时间钻图书馆研究这家报纸，然后拿着自己的简历和作品闯进报社总编辑办公室。

总编看后问道："为什么来我们报社？你觉得我们报纸有哪些特色，哪些不足？"几番对答，总编不住颔首，结果甲如愿以偿。甲的成功，在于能注意对方的需要而被接受。

（3）推荐自己要善于面对面交谈

人们通过面谈可以取得推荐自己、说服对方、达成协议、交流信

13

息、消除误会等功效。在面对面推荐自己的时候，应注意和遵守下列法则：依据面谈的对象、内容做好准备工作；语言表达自如，要大胆说话，克服心理障碍；掌握适当的时机，包括摸清情况、观察表情、分析心理、随机应变等。

（4）推荐自己要注意控制情绪

人的情绪有振奋、平静和低潮三种表现。在推荐自己的过程中，善于控制自己的情绪，是一个人自我形象的重要表现方面。情绪无常，很容易给人留下不好的印象。

（5）推荐自己要有灵活的指向

人有百种，各有所好。对人才的需求也是这样。假如你针对对方的需要和感受仍说服不了对方，没能被对方所接受，你应该重新考虑自己的选择。假若期望值过高，目光只盯着热门单位，就应适时将期望值下降一点，目光多盯几个单位；还可以到与自己专业技术相关或相通的行业去自荐。咨询专家奥尼尔如是说："如果你有修飞机引擎的技术，你可把它变成修理小汽车或大卡车的技术。"

（6）利用履历表或申请表把自己推荐给对方

要尽可能了解对方的情况，搞清楚对方的要求及自己是不是够资格；搜集能够证实你的身份、履历、特征等方面的文件和材料，这有助于对方评估你的素质；履历表应实事求是，简明扼要，切忌言过其实；字迹要端正、清楚，千万不要龙飞凤舞。否则，对方连阅读都困难，就很难对你感兴趣了。

（7）推荐自己要灵活运用宣传手段

从事宣传时，应以简短的自传形式扼要概括你的履历、才能、发明创造、贡献目标、理想、爱好等，分寄给你认为有可能对你感兴趣的单位和部门。也可以通过熟人、亲友等传递，还可以通过登广告的形式，向所需要的对方推荐自己。

（8）推荐自己应知难而退，另找门路

推荐自己有时不一定会成功。你去面谈求职，谈到一定时候，如果发现时机不对或者对方无兴趣，就要"三十六计，走为上"。这时候，表现要冷静，不卑不亢地表明态度。或者自己找个台阶下，给人留下明理的印象。推荐不成功，可能错在自己，比如，资格不够、业务不对口、过分挑剔等；也可能错不在你，而是对方要求过高、性别歧视等。这时，你就要另找门路了。

练就一双识人的"火眼金睛"

人们常常把能独具慧眼，力排众议选拔人才的人比喻为伯乐。这些人也没有什么特别，只不过练就了一双识人的"火眼金睛"。

假如你是领导，在针对某一项工作或某一个职务判定与识别某人能不能胜任时，理应进行全面分析，特别在以下几个方面：

（1）研究此人对什么工作做出过成绩？

（2）此人还可能对什么工作做出成绩？

（3）为了充分发挥其长处，此人应该再多学些什么？

（4）如果有子女，是否愿意让自己的子女在手下工作？

（5）如果愿意是为什么？如果不愿意又是为什么？

前三个问题是以当事人的长处为重心，决定其能做什么。而后面的几个问题决定他是不是一位起表率作用的上级。通过这样的考虑与研究，把此人用到合适的工作岗位上，使他人尽其才。

任何一个企业的发展都离不开人才，如何识别人才——招聘到合适的员工；如何用好人才——合适的人用到适当的岗位。这是一项异常艰巨的任务，常用各种测评的方法来辅助对人才识别。俗话说用人要尽其能，如果不是这样，再好的人才也是一种浪费，只能像假花一样起到养眼的作用。识别难，用好更难，这其中涉及企业文化、价值观和用人理念的方方面面。

老子说："识人者智，自识者明。"因而所谓明智，在中国古人那里也应当是明先于智、高于智。领导选聘人才应该注意考察解决实际问题的能力，而不是被一些表面的东西所迷惑。智慧在任何时候都是至关重要的。知识和经验可以启发智慧，而代替不了智慧。专家与学院选派人才如果能够解决实际问题才能成为我们所用的人才。所以，考核时应偏重智慧因素和解决实际问题的能力。通过模拟的实际情境来观察应聘者的智慧和应变能力，是很多优秀公司的普遍做法。

在某跨国公司的面试中有这样一个问题："下水道的井盖为什么是圆的？"让我们看看应试者是如何巧妙地回答这一问题的。

面试官：现在我们要问一个问题，看看你的创造性思维能力。不要想得太多，运用日常生活中的常识，描述一下你的想法。这个问题是，下水道的井盖为什么是圆的？

范曼：它们并不都是圆的，有些是方的，的确有些圆井盖，但我也看过方的、长方的。

面试官：不过我们只考虑圆形的井盖，它们为什么是圆的？

范曼：如果我们只考虑圆的，那么它们自然是圆的。

面试官：我的意思是，为什么会存在圆的井盖？把井盖设计成圆形的有什么特殊的意义吗？

范曼：是有特殊意义，当需要覆盖的洞是圆形时，通常盖子就是圆的。用一个圆形的盖子盖一个圆形的洞，这是最简单的办法。

面试官：你能想到一个圆形的井盖比方形的井盖有哪些优点吗？

范曼：在回答这个问题之前，我们先看看盖子下面是什么。盖子下面的洞是圆的，因为圆柱形最能承受周围土地的压力。而且，下水道出孔要留出足够一个人通过的空间，而一个顺着梯子爬下去的人的横截面基本是圆的，所以圆形自然而然地成为下水道出入孔的形状。圆形的井盖只是为了覆盖圆形的洞口。

面试官：你认为存在安全方面的考虑吗？我的意思是，方形的井盖会不会掉进去，因此造成人身伤害？

范曼：不大可能。有时在一些方形洞口上也会看到方形的盖子。这种盖子比入口大，周围有横档，通常这种盖子是金属质地，非常重。我们可以想象一下，两英尺宽的方形洞口，1~1.5英寸宽的横档。为了让井盖掉进去，需要抬起一端，然后旋转30°，这样它就不受横档的妨碍了，然后再将井盖与地平线成45°，这时转移的重心才足以让井盖掉下去。是的，方形的井盖的确存在掉下去的可能，但可能性很小，只要对负责开井盖的人稍加培训，他就不会犯这样的错误。从工程学来看，井盖的形状完全取决于它要覆盖的洞口的形状。

面试官：（面有难色）我要与管理层谈点事情。（离开了房间）

10分钟后，面试官回来了。

面试官：我们推荐你立刻去推销部工作。

　　在现代社会中，留下最优秀的人才是企业发展的硬道理，也是领导的职责之一。所以，身为领导必须练就一双识别人才的"火眼金睛"。

看人不能"凭风向"

　　很多人在用人之前，总是先征询周边人对所用之人的看法，再决定是否使用。这对于了解所用之人的确是一个好方法。但周边人的评价无疑也形成了领导对此人的看法，领导若仅"凭风向"就简单作决定，那无疑会使真正的人才埋没。

　　清朝康熙帝不顾大臣们的反对慧眼识施琅，为后世人做出了识人的典范。

　　施琅原为明朝总兵郑芝龙的部将。顺治三年（公元1646），郑芝龙降清，施琅亦从降。十三年（公元1656）升副将，十六年（公元1659）升总兵，康熙元年（公元1662）迁水师提督。施琅归降之后，一直忠心耿耿，为清朝的统一大业奋力拼杀。但是，当时朝廷内掌权的满、汉官员看不起他，特别是康熙初年掌权的鳌拜集团更不肯重用他。

　　康熙初年，郑成功之子郑锦欲攻福建。施琅调兵遣将，出海截击，大败之。七年（公元1668），鉴于郑锦已势单力薄，施琅密奏朝廷，"宜急攻之"。刚刚亲政一年的康熙皇帝览奏之后，立即召施琅入京，并亲询方略。施琅言："贼兵不满数万，战船不过数百，锦智勇俱无。若先取澎湖以扼其吭，贼势立绌；倘复负固，则重师泊台湾港口，而别以奇兵袭南路打狗港及北路文港海翁堀。贼分则力薄，合则势蹙，台湾计日可平。"15 岁的少年天子康熙皇帝虽然第一次与施琅当面交谈，但施琅的谋略与能力却深深地打动了他的心。他很赞赏施琅收复台湾的计划，遂下部议。由于康熙帝刚刚亲政，朝廷大权仍掌握在以鳌拜为首的保守势力中，而这些人一贯反对施琅，因此以"海洋险远，风涛莫测，长驱制胜，难计万全"为由，将施琅的建议搁置下来，并裁其水师提督，改授内大臣，调回京师。

不久，康熙帝计擒鳌拜，真正掌握了大权。由于三藩事起，统一台湾之事便暂时放下，但他心中时刻不忘。康熙二十年（公元 1681），三藩平，康熙帝再次提出统一台湾问题，并询问群臣意见，结果群臣"咸谓海波不测，难以制胜"，反对进取台湾。这时，内阁学士李光地、福建总督姚启圣都认为台湾可取，并推荐施琅担当此任。康熙皇帝想起十几年前的往事，也认为"壮猷硕画，无出公（指施琅）右者"。于是。再次召施琅入宫，并"宴内廷，谘进讨事"。由于施琅"治军严整，通阵法，尤善水战，谙海中风候"，因此他向康熙皇帝详细谈了如何训练水师、如何利用风向变化等具体方略。康熙帝听后十分满意，决定再次任其为福建水师提督，即赴前线，操练水师，待机进取台湾。这时，有人提出，施琅既已调京多年，不宜再派往福建，康熙帝不予理睬。又有人公开反对任用施琅，"以为不可遣，去必叛"。康熙帝仍不为所动，既然主意已定，就用人不疑。于是，当机立断，晋施琅为太子少保，兼福建水师提督。施琅临行之时，康熙皇帝还特意"临轩劳之"，并勉励他说："平海之议，惟汝予同，其努力

19

无替。"

施琅受知遇之恩，果然不负康熙帝的厚望，他积极训练水师，做好了大战前的一切准备工作，终于在康熙二十二年克澎湖，迫郑克王爽投降，使统一台湾大业顺利完成。

清军在收复台湾后，对台湾的处理问题，又出现了分歧。有人荒谬地提出，"宜迁其人，弃其地"。李光地甚至提出"招来红毛，畀以其地"，将祖国领土台湾奉送给西方殖民主义者。施琅则坚决反对放弃台湾，力主台湾不可弃，奏请设官兵镇守。他认为"弃之必酿成大祸，留之诚永固边围"。康熙皇帝坚决支持施琅的主张，指出："台湾弃取，所关甚大"，"弃而不守，尤为不可"。于是，遵照施琅的意见，在台湾设一府三县，并设一总兵，驻兵八千。至此，台湾的行政建置完全与内地划一。

此后，在镇守台湾的问题上，康熙帝仍十分信任施琅。康熙二十七年（公元 1688），年近七旬的施琅以年老多病、行动不便请求解任，康熙帝对他说："吾用汝心，不在乎手足矣。"充分说明了康熙帝对施琅的了解与信任。

一个人对其他人的看法是基于自身的角度和利益决定的。有才华，能干事的人才往往并不为人所容。领导者若仅"凭风向"，不去仔细甄别，便是有"千里马"在眼前，也无法发挥它的价值。

防人之心不可无

人际交往中的明争暗斗，往往披着美丽的外衣，你要是被迷惑住了，那就会一败涂地。比如《红楼梦》里的王熙凤，被人称为"明里一盆火，暗里一把刀"，表面上对尤二姐客套亲切，背地里却玩弄各种手段，欲置尤二姐于死地，当然，"当面赔笑脸，背后捅刀子"多半都是因为竞争，王熙凤陷害尤二姐便是为了夺回丈夫的宠爱。所以当你和别人有了竞争关系后，就应该做到心中有数才行。

老冯和老周是好朋友，也是相处不错的同事。他们公司的新经理制定了一个奖励措施，谁创效益最多将给一个特别奖，金额颇为可观。老冯非常希望获得这笔钱，因为他的孩子明年上大学急需要一笔钱；老周也对这笔钱看得很重，因为他爱人整天向他嘀咕谁的老公又挣了辆小车，谁的老公又升了一个职位……老周极其希望借着新经理的改革举措，为自己在夫人面前扬眉吐气。老冯疯狂地跑业务，绞尽脑汁地联系，有时，也将自己的情况诉说给老周。老冯不相信同事之间会失去真诚和友谊，他认为几年来他俩已相处得挺好了。忽然间，老冯发现自己的一些客户都支支吾吾、言而无信了。他不明白为什么。有人告诉他，他的客户听说他是品行恶劣的人，喜欢擅自将商品掺假，自己从中获取非法利益……总之，关于他的谣传很多。年底的时候，老周获得了特别奖。老冯从老周的业绩单上顿悟过来了。他的嘴里不

21

断地喃喃自语：怎么会这样？怎么会这样？

老冯的失误在于他没有认清这种对立矛盾的现状，反而盲目信任同事。在没有竞争的日子，也许大家能做到彼此相悦，其乐融融，一旦进入角斗场，角色就变成了有"对立矛盾"的人。

在竞争中，除非一方自愿放弃，否则，必然有刀光剑影的闪烁、明枪暗箭的中伤，令人防不胜防、难以回避。

当你棋逢对手时，你的情感、理智、道德、功利都遭遇最大的考验。当你想获得成功的时候，是否不遵守道德准则；当你坦诚地面对竞争者，对方是否正在利用你的善良和诚意进行攻击……

不要以貌取人

看人是用其才而非选美，千万不能以貌取人。诚然，通过相貌和表情来了解人，是"识人"的一种辅助手段。但是，若把它绝对化，把"识人"变成以貌取人，就会错识人才，乃至最终失去人才。

三国时，东吴的国君孙权号称是善识人才的明君，但却曾"相马失于瘦、遂遗千里足"。周瑜死后，鲁肃向孙权力荐庞统。孙权听后先是大喜，但见面后却心中不悦。因为庞统生得浓眉掀鼻、黑面短髯、形容古怪，加之庞统不推崇孙权一向器重的周瑜，孙权便错误地认为庞统只不过是一介狂士，没什么大用。于是，鲁肃提醒孙权，庞统在赤壁大战时曾献连环计，立下奇功，以期说服孙权，而孙权却固执己见，最终把庞统从江南逼走。鲁肃见事已至此，转而把庞统推荐给刘备。谁知，爱才心切的刘备，也犯了同样的错误。他见庞统相貌丑陋，心中也不高兴，只让他当了个小小的县令。有匡世之才的庞统，只因相貌长得不俊，竟然几处遭到冷落，报国无门，不得重用。后来，还是张飞了解了他的真才后极力举荐，刘备才委以副军师的职务。

晋代学者葛洪在《抱朴子·外篇》中深有感触地说，看一个人的外表是无法识察其本质的，凭一个人的相貌是不可衡量其能力的。有的人其貌不扬，甚至丑陋，但却是千古奇才；有的人虽堂堂仪表，却是"金玉其外，败絮其中"的草包，倘以貌取人，就会造成取者非才或才者非取的后果。

一向慧眼识珠的曹操，也有以貌取人的错举。益州张松过目不忘，乃天下奇才，只是生得额镬头尖，鼻偃齿露，身短不满五尺。当张松暗携西川四十一州地图，千里迢迢来到许昌打算进献给曹操时，曹操见张松"人物猥琐"，从而产生厌烦之感；加之张松言辞激烈，揭了自己的短处，便将张松赶出国门。刘备乘机而入，争取到了张松，从而取得了进取西川军事上的优势。如果曹操不是以貌取人，而是礼待张松，充分发挥其才识，那样恐怕会是另一种结果。

同样，现代企业的领导者，要真正识别人才，就需要对个人进行全方位的审察，看其是否具有相当的能力，是否有发展前途。如果不注重一个人的学识、智慧、能力等方面的培养与使用，不注重其专长的发挥，不是通过其对某些问题的看法来衡量他的判断能力、表达能力、驾驭语言的能力，而是仅凭一个人的相貌如何来判断其能力的大小，甚至由此来决定人才的取舍，那么，必将导致人才的被埋没。下面，我们还以古人为例，从正反两方面来说明如何识才、用才。

据传，夏桀、商纣长相姣美，身材魁梧，堪称美男子，而且勇武超群，智慧过人。若仅观其外表，不啻"天下之杰"。然而，他们却是残虐众民的暴君。与此相反，历史上其貌不扬的奇才却大有人在。据《荀子·非相》记载，楚国的孙叔敖，头发短且稀疏，左手长，右手短，五短身材，立于车上还没有辕前横木高，却能辅佐楚霸王，使其执政的楚国成为战国时期实力强盛的国家之一。

可见，相貌美丑与人的思想善恶和能力大小并没有必然的联系。人虽貌丑却有德有才，则不失为君子；人虽貌美而无德无才，却只能是小人。

二、阅人读心之品性观德

　　社会错综复杂，各种不确定的因素汇集在一起，无形之中增加了识人的难度。但是，即便是城府再深的人，也有内心外露之时。而内心的外露，最直接的表现形式就是一个的脾气秉性，所以，要想把人看透，不但要观其人，还要看他的德行。

审视自己的同船之人

我们都知道，现实中的绝大部分事业，都是不可能靠单打独斗完成的。在很多时候，面对着隔岸的目标，要想成功越过中间横亘着的惊涛骇浪，我们必须要有同舟共济之人。

"同舟共济"本来的意思，只是大家同乘一条船过河。而现在的意义则是指在困难面前，彼此能够互相救援，同心协力。在通常情况下，同舟共济之人是应当齐心协力乘风破浪的。但天下没有不散的筵席，建立在一定利益基础之上的"同舟"，总有各奔东西的一天。那么，在"同舟"的时候到底应该如何做呢？事实上，在一些时候，同舟之人未必总能共济，因此，我们有必要多长点心眼儿，予以防备。因为一旦同舟之人对你动手脚，那肯定会是又阴又毒的，甚至能一下子置你于死地。

王安石在变法的过程中，视吕惠卿为自己最得力的助手和最知心的朋友，一再向神宗皇帝推荐，并予以重用。朝中之事，无论巨细，王安石全都与吕惠卿商量之后才实施，所有变法的具体内容，都是根据王安石的想法，由吕惠卿事先写成文及实施细则，交付朝廷颁发推行。

当时，变法所遇到的阻力极大，尽管有神宗的支持，但能否成功仍是未知数。在这种情况下，王安石认为，变法的成败关系到两人的身家性命，并一相情愿地把吕惠卿当成了自己推行变法的主要助手，是可以同甘苦共患难的"同志"。然而，吕惠卿在千方百计讨好王安石，并且积极地投身于变法的同时，却也有自己的小算盘，原来他不过是想通过变法来为自己捞取个人的好处罢了。对于这一点，当时一些有眼光、有远见的大臣早已洞若观火。司马光曾当面对宋神宗说："吕惠卿可算不了什么人才，将来使王安石遭到天下人反对的事，一定都是吕惠卿干的！"又说："王安石的确是一名贤相，但他不应该信任吕惠卿。吕惠卿是一个地道的奸邪之辈，他给王安石出谋划策，王安石出面去执行，这样一来，天下之人将王安石和他都看成奸邪了。"后来，司马光被吕惠卿排挤出朝廷，临离京前，一连数次给王安石写信，提醒说："吕惠卿之类的谄谀小人，现在都依附于你，想借变法之名，作为自己向上爬的资本。在你当政之时，他们对你自然百依百顺。一旦你失势，他们必然又会以出卖你而作为新的晋身之阶。"

王安石对这些话半点也听不进去，他已完全把吕惠卿当成了同舟共济、志同道合的变法同伴。甚至在吕惠卿暗中捣鬼被迫辞去宰相职务时，王安石仍然觉得吕惠卿对自己如同儿子对父亲一般地忠顺，真正能够坚持变法不动摇的，莫过于吕惠卿，便大力推荐吕惠卿担任副宰相职务。

王安石一失势，吕惠卿不仅立刻背叛了王安石，而且为了取王安石的宰相之位而代之，担心王安石还会重新还朝执政，便立即对王安石进行打击陷害。先是将王安石的两个弟弟贬至偏远的外郡，然后便将攻击的矛头直接指向了王安石。

吕惠卿的心肠可谓狠得出奇。当年王安石视他为左膀右臂时，对他无话不谈。一次在讨论一件政事时，因还没有最后拿定主意，王安石便写信嘱咐吕惠卿："这件事先不要让皇上知道。"就在当年"同舟"之时，吕惠卿便有预谋地将这封信留了下来。此时，便以此为把柄，将信交给了皇帝，告王安石一个欺君之罪，他要借皇上的刀，为自己除掉心腹大患。在封建时代，欺君可是一个天大的罪名，轻则贬官削职，重则坐牢杀头。吕惠卿就是希望彻底断送王安石。虽然说最后因宋神宗对王安石还顾念旧情，而没有追究他的"欺君"之罪，但毕竟已被吕惠卿背后的刀子刺得伤痕累累。

人际交往中，永远都不乏这样的人，当你得势时，他恭维你、追随你，仿佛愿意为你赴汤蹈火；但同时也在暗中窥视你、算计你，搜寻和积累着你的失言、失行的证据，作为有朝一日打击你、陷害你的秘密武器。公开的、明显的对手，你可以防备他，像这种以心腹、密友的面目出现的对手，实在令人防不胜防。所以，同舟者未必共济，与人共事时务必要多留防范心。

要及时认识到对方的真实目的

每个人都有私心，人们做什么事都是先考虑到自己的利益，假如有人拼命为你着想，那你就要小心了，也许对方正在打什么歪主意呢！丁宇就吃过一回这样的亏。

丁宇的顶头上司朱经理终于升为总经理了，而丁宇却破产了，因为负债累累，只能东躲西藏。事实上，正是丁宇的负债累累换得了朱经理的高升，故事的来龙去脉是这样的：

那天，丁宇去银行取款，打车回来，到了公司门口，下了车才发现皮包破了，钱丢了一半，天啊！整整 19 万元啊！丁宇吓得脸色苍白，飞奔着跑到朱经理的办公室详细汇报了情况，他沉默了一会儿说："这件事千万不能让人知道！"

"什么意思呢？"

丁宇不明白他话里的意思。

他诚恳地为丁宇分析："你是非常正直又认真的人，这一点我知道。你刚才所说的，大概也不是谎话，但是，公司会怎样想呢？"

丁宇默不做声、不知所以，还是没有明白他的意思。

朱经理说："公司也许会认为，这个职员说是遗失巨款，说不定是进自己的腰包里。大部分人一定会这么认为的。我是十分信任你的，我肯定不这么认为，但是公司一定会持这种看法。你还年轻，可以说前途无量。如果被公司怀疑了，你以后的日子怎么过呢？我是为你担心啊！"

丁宇一下被他的话震呆了，全身颤抖。

"19 万元的确不是一笔小数目。但是，它却换不回你的大好前途。我若是你，不会把这件事张扬出去，而会想办法补足这一笔款项。"

丁宇咀嚼着他的话，不知不觉中觉得他的话越来越有道理。"那家伙说钱是被人偷走，其实全都放进自己的口袋里了"——同事的这些指指点点如在耳边。就依经理所说的，想办法填补这 19 万元吧……

经理听后，大加赞赏："这才是最明智的做法。"然后又加上一

句："为了你的将来，我绝对不会对任何人说。所以，你千万也不要对任何人提起这事。"

丁宇拿出了自己和父母的积蓄，又托朋友向别人高利息借了钱，补足了丢失的巨款。

后来，丁宇明白了，朱经理把这件事隐藏起来，说是为丁宇着想，其实完全是为自己。

丢了这么多钱，他作为丁宇的上司也要负很大责任，作为工作失误，丁宇当然会受到处罚，但境况总比经理要好，同事也未必如他说的那样怀疑丁宇。

与人交往时，头脑要保持清醒，千万不要被人家骗得说东是东，说西是西，要学会客观地分清前因后果，而不是被人牵着鼻子走。

当我们遇到事情，特别是遇到让人措手不及的事情时，我们就会希望有人能帮我们出出主意，指点一下迷津，这时候就要注意一个问题：尽量不要找与这件事有关的人想办法，很明显，他也是当事人，他一定会希望事情朝着有利于自己的方向发展，你找他帮你出主意，无异于与狐谋皮，他不肯帮你出主意还算好的，万一他帮你出点什么馊主意，你可能就会因此而无法翻身了。在这个故事中，朱经理明明应当为丢钱的事承担一部分责任，他却摆出一副事不关己的样子，为了保住自己的职位，将过失全部转到丁宇头上，在丁宇还没弄清事情的严重程度前让他成为了唯一的牺牲品，不要怪朱经理太奸诈，关键是丁宇没有必要的警觉心，所以才会糊里糊涂地上了人家的当。丁宇本来就应该想到的，朱经理热心给自己出主意的背后，肯定有为他自己打算的想法，"人心隔肚皮"，太相信别人就只会让自己受到伤害。

世界上有全心全意为别人打算的好人，但大多是在事不关己的情况下，总之，遇事别太相信别人，自己考虑清楚再作决定才不会吃亏。

品德是识别一个人的重要特征

日本一位商店经理林江健雄曾经说："有些人生来就有与人交往的天性，他们无论对人对己，处世待人，举手投足与言谈行为都很自然得体，毫不费力便能获得他人的注意和喜爱。可有些人便没有这种天赋，他们必须加以努力，才能获得他人的注意和喜爱。但不论是天生的还是努力的，他们的结果无非是博得他人的善意，而那获得善意的种种途径和方法，便是人格的发展。"

法国银行家莱菲斯特没有发家时，因为没找到工作，只好赋闲在家。有一天，他鼓起勇气到一家大银行找董事长求职，可是一见面便被董事长拒绝了。

他的这种经历已经是第 52 次了。莱菲斯特沮丧地走出银行，不小心被地上的一个大头针扎伤了脚。"谁都跟我作对！"他愤愤地说道。转而他又想，不能再叫它扎伤别人了，就随手把大头针捡了起来。

谁想，莱菲斯特第二天竟收到了银行录用他的通知单。他在激动之余又有些迷惑：不是已被拒绝了吗？

原来，就在他蹲下拾起大头针的瞬间，董事长看在了眼里，董事长根据这件微不足道的小事认为他是个谨慎细致而能为他人着想的人，于是便改变主意雇用了他。

莱菲斯特就在这家银行起步，后来成了法国银行大王。

莱菲斯特的机遇表面上只因拾起一个大头针，看似偶然，但他能在自己落魄之时都保持良好的行为，说明品德情操十分高尚。

那位从细微处见精神的董事长更是一位识人高手，是他发现了莱菲斯特这匹千里马。莱菲斯特之所以能够成功，很大程度上得益于那位董事长识人的独到之处。

只有具备了健全的人格魅力，才能获得人们的喜爱与合作。由此，凡是世间的智者贤人，经常把人格的特征尽力地表现出来。

任何一个人都有自身的优点和缺点，对世界上的任何事物也都要一分为二来区别对待，但这绝不是说，人就没有差别可言，没有办法去区分，因而也就没有办法区别对待使用了。正好相反，人的优点与缺点之大小、多少实在有着很大的差别。有的人有大德有小过因而可谅可用；反之，有的人则是缺大德因而不可信、不可用而必须提防之压制之。识人就要从品德出发，认知他们优劣的所在。

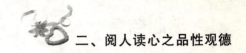

根据性格特点去识别他人

通过观察去了解他人是一个良好的途径。观察法是指在特定的环境中，对某个人的各种表现、待人接物等方面进行考察，得出综合印象，再经过自己的分析加工，最后把握其本质特点然后观其本质，而察其为人。这种方法是最易于实行的一种方法。因为它既不需要观察者去亲自接触其观察的对象，也不需要有意安排或预先准备，只需经常与其一起参加活动，能够在各种场合中看到其表现就行了。

很多人认为人际交往能力与性格有关，外向者善于交际，内向者不善交际。这样的说法虽然有欠周密，比如性格内向者也有许多好朋友，性格外向者没有知心朋友这样的例子在现实生活中也不在少数。但是性格的确是影响人际交往最关键的因素。通常情况下，性格外向的人比性格内向的人善于交际，善解人意的人比霸道无理的人更容易交到朋友。

（1）性格热忱的人：最佳伙伴

性格热忱的人不论从事哪种职业，只要充分发挥其性格，便能得到肯定与赞赏。这种性格的人最适合具有挑战性的职业，工作积极又有效率，是典型先锋性格。富有创意、喜爱看到事情的光明面是他们的优点，并且是活在掌声下的人，喜欢受他人肯定。这种人还体贴他人的难处、让他人在工作上更有冲劲，所以有着很好的人缘。不论是

33

上司、同事还是朋友，一旦了解他们，都会被他们的热情所打动，愿意成为他们的朋友。但是性格热忱的人由于自主性过高、喜爱表现自己，故容易和别人在合作上产生冲突，不利于建立良好的人际关系。这种类型的人，不论是在工作、学习和娱乐中，参与感、掌声与赞美都是他们不可或缺的原动力。

（2）性格细腻的人才：潜在竞争对手

性格细腻的人很重视团体合作，不喜欢抢风头，这是他们的优点。因此，他们通常都有着很好的同事关系。在同事的眼中，他们是温和善良的，不会要计谋陷害人，因此同事都愿意与他们相处，并且很容易把他们当作自己的知心朋友。但他们有时那慢工出细活的行事作风，不免让性急的同事看不过去，但不会引起同事的厌恶。个性温和的他们常扮演着沉默的角色，没有太多意见及野心，任劳任怨的个性常得到上司的赏识，是一个潜在的竞争对手。温和的他们也不是宰相肚里能撑船的人，细腻性格使得他们对伤害过自己的人往往不能原谅。这种性格的人，不但勤俭也很能为老板精打细算，有着精细的省钱之道。

（3）活泼性格的人：博而不精

性格活泼的人重视整体人际关系，很快便能适应新环境并结交新朋友；办事很有效率，再加上聪明及危机处理的应变能力，所以很讨上司喜欢。这种类型的人天生好奇，对所有的人、事、物都抱有很大的兴趣，喜欢学习各种新东西，对于新上手的工作，也能很快掌握，在公司里扮演通天角色。他们活泼的性格也使得他们经常是聚会和晚会上的灵魂人物，总能够吸引大家的注意。因此，周围的同事或许会忌妒，而与他们疏远，但他们活泼、不记仇甚至黏人的性格又会使得别人不好意思与他们生气，自然他们的人缘也不差了。

（4）谨慎性格的人：心思捉摸不定

谨慎性格的人对工作有高度的稳定性，善于察言观色、尽忠职守、生存力强、懂得上司与同事间的应变进退，并且善于营造和谐气氛，与同事合作性强，是容易相处的同事，又易得到上司赞赏的忠诚下属。

这种性格的人在人际交往中，是很受欢迎的，因为他们既不爱出风头，又不会给人难堪，总是小心翼翼，让周围的人感觉没有杀伤力。并且他们说话总是头头是道，让你不由得不佩服他们的说服力。但是谨慎性格的人，由于不喜欢表露自己的真正情感，他们好像戴着一副假面具，捉摸不定让人心生却步，虽然并不会与人正面冲突，但是周围的人也不愿与他们有过多的交往，所以这种性格的人不容易交到知心朋友。

（5）急躁的性格：重量不重质

这种性格的人天生拥有乐观与幽默感，人际魅力光芒四射，加上要面子，常请大家吃饭，所以在交往中也是很吸引人的。与谨慎性格的人一样，他们也不容易交到知心好友。急躁性格的人通常都有着一种很强的气势，这让他们看起来具有领导者的风范特质。他们在工作中也并非是一位有野心的人，但是他们与同事合作起来冲劲十足、很有效率，并且在工作中会主动分担别人的烦恼，主动学习别人的长处，所以很讨同事喜欢，有着良好的人际关系。

（6）冷静性格的人：零缺点原则

冷静性格的人，做起事来一板一眼均小心翼翼，工作对他们而言是乐趣及成就感的来源，他们行事井然有序得令人佩服，但有时却又少了点变通的弹性，给人个性内向、拘谨的感觉。通常这种性格的人不懂得表达自己的个性，让人有不易相处的印象。加上要求又特别多，令人无所适从。所以在周围的人看来，他们是严格和没有幽默感的，

所以大家不愿与他们有过多的相处。其实一旦与他们深交，就会发现他们的内心十分单纯，而且也很善于交谈。这种性格的人交往中的最大障碍是不善于表达自我，不懂得让别人对自我有更多的了解。

（7）好交际性格的人：公关小姐

这种类型的人有极佳的公关手腕，所到之处都能很快与人打成一片，主动是其人际关系的第一步，在诸多性格中可说是独占鳌头，好交际的性格更能博得上司的好印象与赏识。在社交场所中，这种人左右逢源，如鱼得水，通常都是焦点人物。但是他们喜欢舒适的生活，害怕过度出卖劳动力的工作，故常常做事缺乏计划、想的比做的多，散漫、金钱观淡薄，这些均是造成他们晋升的绊脚石，也是让人不喜欢他们的理由。

（8）沉稳性格的人：情报局干员

稳定、内敛、不多言是沉稳性格给人的第一印象，但他们有着对人、事、物敏锐的观察力，缄默时的他们正处于"打量评估期"，所以这种性格的人总能很清楚地对周围的情况做出准确的判断，在任何事情上，都像旁观者一样冷静和客观。这样的性格使得他们对周围的人总能提供一些客观有效的建议，因此在他们身边，总是有一群追随者。他们对工作有着自发性的热爱，并能承受很大的压力，做事的积极与面面俱到、果断令上司极为赞赏；有着情报局干员的本能与精神，能轻易打探各方线索、内幕消息、公司百态，等等。这种性格的人在哪里都是很有能力的人，他们天生就是让别人倾慕的。所以他们的人际关系很广，并且很值得信赖。

（9）浪漫性格的人：没耐心和毅力

浪漫性格的人欠缺耐心，一成不变的工作态度可能会抹杀他们的创意细胞。生性爱热闹、热心、慷慨不计较金钱及随和的个性，使他们的人缘不俗，感觉敏锐且洞察力强，常以开玩笑的方式说出对事情的见解，不容易感到像谨慎性格的人一样的心机，反倒让人觉得平易近人、容易相处。做事勇于突破传统、有魄力，但一遇到挫折会很快打退堂鼓，缺乏愚公移山的恒心与毅力。

（10）固执性格的人：永远不会错

固执性格的人是尽忠职守把分内工作做好的人。他们在专长与技术领域中不断求进步，没有一步登天的投机心理，持有"一分耕耘，一分收获"的态度。具有主见及领导能力，对事物有相当的野心，是标准的工作狂热分子，在诸多性格中，跃居"最负责任感"之冠；而坚忍不屈的毅力是其成功之处。可是，他们优柔寡断、固执己见的缺点可在其知错不改、明知故犯中一览无余。这种性格的人很难接受别人的意见，除非别人比他们优秀。这样的性格特征使得他们的人缘很差，因为他们总是让周围的人很难堪，并且错了也永远不会道歉。因此，他们的人际关系很糟糕，但他们的朋友都是真正理解和关心他们的挚友。

（11）脆弱性格的人：害怕失败

脆弱性格的人有着过人的智慧，工作中有独到的见解，能完整、高效率地分析与策划，对自己有高度的自信与优越感，却又非高傲、冷酷得令人讨厌，但是他们脆弱的性格常常能引发别人的同情心，反而人缘相当不错。冷静、理性、客观、实践力强是他们成功的关键，但却缺乏坚持的能耐，常一碰到挫折就会轻易放弃。最害怕别人看到自己的失败，在他们心中只有"我"永远是最好的。

（12）机警性格的人：明哲保身

察言观色是这种人的优点，明哲保身是其处世态度，他们永远不

会主动参与和自己利益有可能冲突的事情，在他们眼中，只有自己是最可宝贵的。这样的人从来也不会得罪别人，甚至对每一个人，他们都一味褒扬和鼓励，所以他们的人缘极好，并且别人对他们的评价也很高。但他们在工作上却缺乏积极主动的个性，散漫的天性偶尔需要压力的鞭策，但空间式的思考模式，很适合于计划性的工作，思考周密，甚至将天马行空的想象力加诸计划中，使计划内容添加不少创意。

俗语说得很有道理："聪明的人十有九懒"，此类性格的人思想敏锐，但不肯动手，最好给他配备合适的助手，协助他去实现他的精思妙想。虽说聪明人多懒惰不堪，但也并不是一无所长。

聪明的人疏懒态主要表现在他不感兴趣的事情上，而对于有兴趣的事而言，他会尽力做得很好。因此，不宜强迫他干他不愿意做或不感兴趣的事情，而应引导他到其兴趣所在处，则事半功倍矣。

这类人的文人倾向较重，由此，如非所愿，所担当的职务一般不宜过长，数年一迁，使之不觉太枯燥乏味，则能调动、改善其积极性，也能避免贪污受贿。

周全性格的人，智慧极高而心极机警，待人则能应付自如，接物则能游刃有余，是交际应酬的高手和行家。这种人是天生的外交家，做国家的外交官或大家豪门的外掌柜，任大公司或大企业的公关先生或公关小姐，都能愉快胜任，其办事能力也很强，往往能独当一面。

要仔细观察对手

在交涉进行当中，最要紧的就是能"看人说话"。

我们可以把交涉对手大致分成下列 5 种类型：（1）能说善道型；（2）三缄其口型；（3）反驳型；（4）毫不关心型；（5）过激型。

能说善道型之人，话匣子一打开，他就能够注意到，对方所说的话有哪些是和自己意见相同的；三缄其口型的人，一旦与他有商业往来，你最好事先准备好样品，让他从中选择接近自己意见的商品；对付反驳型的人，你要尽量找出与对方相同之点，使其与己妥协；至于毫不关心型的人，应恳切说明自己的想法，以征求其同意；对于过激型的人，先要深入了解对方偏激的原因，再用事实进行反驳。

日本社交专家长尾光雄先生，曾经提出对付不同类型的人应采用的具体方案：

（1）坚持己见的人

对付这种人，你可以具体地用数字来反驳他，因为他往往只是坚持自己的意见和主张，决不听信别人的意见。必要时，你也可以联合意见相同，或者感受相同的人共同作战。

（2）喜欢议论的人

必须要对他采取质问的态度，同时，也要多花些时间准备，来和他辩论一番。至于质问的内容必须是自己所要了解的，这样，通过他

所发表的议论，你就可以收集到有关信息和资料。

（3）自负的人

时常会对他人高谈自己经验的人，他多半认为只有自己的经历特别重要，而不免流于自负。面对这种人，你不妨冷静下来，听听他的意见，虽然他有时会批评别人，但或许你也可以从中汲取宝贵的人生经验。

（4）抢先说话的人

"对不起！我也想听听别人的意见。"对于这种抢先说话的人，你可以采取此种方法应付。这样使其无法继续高谈阔论，对付自以为是的人，也不失为有效的方法。

（5）腼腆害羞的人

对于这种在大众面前不擅发表自己意见的人，最好先让他谈些自己身边的事，然后，再慢慢诱导他说出过去的经验，或者内心的观感和看法。

（6）冥顽不灵的人

像这样顽固的人，往往坚持自己的一套想法，你在和他交涉前，必须预先做好沟通工作，用多数人的意见来化解他的固执。

（7）孤僻的人

首先，你要引发他的兴趣——谈谈他最得意或喜欢的事情。待导入正题时，你可以这样说："关于此点，我很希望听听你的意见和看法。"

（8）打破沙锅问到底的人

这种人问起问题来，往往顾不得别人厌倦的反应，即使再三反复，他也"乐此不疲"。对付这类人，你应设法在话题告一段落时，出其

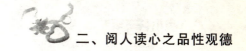

不意地堵住他的嘴巴，逼得他把"最后的结论"说出来。

（9）目光凶恶的人

尽量避免一对一的辩论。尤其是牵涉利害关系、意见迥异、话不投机的人，最好不要单独和他交涉，否则你可能流于感情用事，放弃自己原先的立场。

和这种人进行争论，你可能会被他咄咄逼人的目光所慑，而在招架不住的情况下失利，故以有人陪同为佳。

（10）要人型的人

既属要人，你就应该避免当面批评，而用较婉转、简洁的方法对付他。你不妨这样说："这是很宝贵的意见，就让大家也来表达自己的立场吧！"采用避重就轻、一笔带过的"抽象"表现方式，也许可以化解僵局，而把问题处理得很好。

美国作家马克·吐温曾说过这么一句发人深省的话：

"要使对方满意的最好方法，就是把对方所说的话，重新再说一遍。"

这句话，在与人交涉时，是非常值得参考和运用的。

如何识别对方谎言并使之说出真话

交际中，我们已经了解了一些识破别人谎言的招术，那么，现在我们就针对"如何去识破对方并使他说出真话"这一话题来讨论。

（1）怎样使对方解除心中的武装

正在说谎或试图说谎的人，他们心里一定会先把自己武装起来。"怎样使对方除去武装"就是最大的关键所在。假如这时你正面跟他冲突，他一定会强词夺理把你反击回来。

例如，你对说谎者说："你有什么话就干脆直说好了，不用跟我兜什么圈子撒谎。"这样去攻击他，是不会产生效果的。我们应该在对方有些动摇时，找出他的弱点去攻击他。不过，如果对方硬要坚持他的谎话，那么这一招就不灵了。这时，我们就必须另想办法使对方解除武装。我们暂且不去理会他说话内容的真实与否，只要把重点放在如何才能使他解除心中的武装就可以了。

这个道理就与闭得紧紧的海蚌一样，愈急着把它打开，它就闭得愈紧。假如暂时不去理会它，它就会解除心中的武装，一会儿它就自然地打开了。

那么究竟要如何才能使对方解除心中的武装呢？

使对方具有安全感，如果对方是为了保护自己而说谎的时候，我们最好这样说：

"你把实话说出来。没关系的，事情不像你想象的那样严重的。"

这样一来，他们就会认为自身的处境已经很安全，不会顾忌说出实话会有什么不良的后果。因此，在这种情况下，想要叫他说出实话是很容易的。

要使对方产生安全感，首先必须使他对你产生信赖，他对你产生信赖之后，才会对你吐出真言。

利用循循善诱的方法去套取对方的口供，要比使用强硬逼供的手法更容易达到目的。当然，假如你只是装出笑容来讨好对方，那对方就不会怕你了。我们必须做到让对方认为"我实在不敢对这种人说谎"才行。简单地说，我们要运用技巧，使对方因为你的影响而把实话完全吐露出来。

还有一种技巧与上述所提的完全相反，那就是故意把自己装成很容易上当的样子，使对方对你没有戒心而很自然地把心里的话说出来。

换言之，就是让对方产生优越感，使他在得意忘形之际，无意中露出马脚。这种方法用来对付傲慢的人是最好不过了。

听说美国的律师，在法院开庭审问时，也常会反复地运用这种方法，但是假如太露骨的话，就会留下漏洞，无法达到目的。

彻底去追根究底，有时也能使对方解除心中的武装。假如对方仍有辩白的余地，他也一定会坚持到底，因此，只有在他们被逼得无法再为自己辩解时，他们才会自动解除武装，说出实话。

我们常常可以在报纸上看到某人由于精神过分紧张而自杀的消息，对于此类事件，我们没有办法给他们下一个完美的定论，但我们很容易能看出，他们实在是被生活中的某种因素逼迫得无法透气，才这样做的。

攻其不备，不管是多么高明的说谎者，假如说遇到突然而来的攻击，也会惊慌失措，不得不投降。

一位资深律师曾说道：

"在询问一个决定性的问题时，不要马上询问证人，等他回到证人席之后，再突然请他回来，重新询问，这是最有效的方法……"

《孙子兵法》里也说过："攻其不备，出其不意"，"使其不御，则攻其虚"。

因为我们乘虚而入，对方没有防备，自然就会放下武器投降了。

（2）不要与对方做无意义的争辩

"你明明就是在说谎。"

"不！我说的全部是实话。"

"你为何要说谎？"

"不！我根本就没有说谎。"

这样的争辩没有任何的意义，再怎么争论下去也不会有结果的。

表面上看来，这种问话的方式有点像是追根究底，其实是完全变了质。

使对方反复地做出同样的事情，谎话只能说一次，假如经过两次、三次的重复，多多少少就会露出马脚。我们在日常生活中经常会发现这种现象，比如，早上同事打电话来说："对不起！我家有客人，麻烦你帮我向主管请个假，谢谢你了。"

等过几天后，你突然问他："前几天你为何要请假呢？"这时他或许会说："因孩子得了急病！"这种人一定不是为了正当的理由而请假。或许他在外面兼副业，或许他在外面做了某些不可告人的事情。

有一位十分细心的人，他每次说谎之后，都会把它记在备忘录里，以免重复。这个方法真是无聊透顶，如果他说了一个曲曲折折的谎话，是否也能一一把它记下来？总有一天他会露出马脚的。

（3）要有效地利用证据

要使对方说出实话，最高明的手法就是提出有效的证据，尤其是物证，它的效果更大。

拿出有力的证据来做武器，是识破谎言最好的手法。不管对方如何狡辩，只要我们有确凿的证据，他就不得不俯首承认。

但更重要的是必须懂得如何运用这些证据，如果运用不当，证据也会失去效用的。

关于这一点，我们首先要注意的就是：时机是否运用得当？如果事情过了很久，我们才拿出证据来印证，那么证据的价值可能就大大地减低了。

假如我们在提出证据之后，还让对方有充分的时间去考虑，也是不妥当的。因为这样不是又让他获得了一个答辩的机会吗？

那么，证据要同时提出还是逐项提出来呢？这个问题我们不能一概而论，必须看证据的价值以及当时的状况来决定。

至于我们握有的证据究竟有多少，绝不能让对方知道。尤其是当你只有少许证据的时候，更要绝对保密。总之，证据是一种秘密武器，证据愈少愈要珍惜，否则失败的将是你而不是对方。

不到决定性的时候，不要让对方知道，或者显露自己手中的证据。

你必须一面静听对方的陈述，一面在暗中对照证据；同时，也要考虑对方手中证据的可靠性，使紧握在手上的证据能运用得恰到好处。

以上所说的方法，到底使用哪一种比较好呢？当然，这要看对方的情况而定了。有时不能只用一种方法，必须综合运用多种方法才能收到效果。

人的胸怀体现出他的前途

在一定程度上，一个人能力的大小以及性格的变化取决于他的胸怀与禀性，心胸狭窄、禀性不良的人不能指望他为善，禀性懒的人不能指望他做事勤快。注重道德和品行修养的人不会干凶恶阴险的事，追求公平正直、心无偏私的人，不会伤害朋友。

在职场上，假如能把握好下列12种不同性格的人，学会识别并善用他们，你一定会取得事业上的辉煌成功。

（1）宏阔之人

这种人交友广泛，待人热情，出手阔绰大方，处世圆滑周到，能得到各方面朋友的好感和信任。他们善于揣摩人的心思，投其所好，长于与各方面的人打交道，混迹于各种场合而左右逢源。适合于做业务工作和公关，能打通各方面的关节。

但因所交之人鱼龙混杂，又有点讲义气，往往原则性不强，容易受朋友牵连而身不由己地做错事，很难站在公正的立场上论事情的是非曲直，不适宜矫正社会风气。

（2）雄悍之人

这种人有勇力，但暴躁，认定"两个拳头就是天下"，恃强鲁莽，为人讲义气，敢为朋友两肋插刀，属性情中人。

他们的优点是为人单纯，没有多少回肠弯曲的心机，敢说敢作敢当，有临危不惧的勇气，对自己衷心折服的人言听计从，忠心耿耿，赤胆忠诚，绝不出卖朋友。

缺点是对人不对事，任凭性情做事，因其鲁莽往往会犯下无心之过。

（3）强毅之人

这种人性情硬朗，意志坚定，刚决果断，勇猛顽强，敢于冒险，善于在抗争性的工作中顽强拼搏，阻力越大，个人力量和智慧越能得到淋漓尽致地发挥，属于枭雄豪杰一类的人才。

缺点是易冒进，骄傲于个人的能力。权欲重，有野心，喜欢争功而不能忍。他们有独当一面的才能，也能灵活机动地完成使命，是难得的将才。但一定要注意把握好他们的思想和情绪变化，这可能是他们有所变化的信号。

（4）柔顺之人

这种人性情温和，慈祥善良，亲切和蔼，不摆架子，处世平和稳重，能够照顾到各个方面，待人仁厚忠实，有宽容之德。如柔顺太过，则会逆来顺受，随波逐流，缺乏主见，犹豫观望，不能果决，也不能断大事常因优柔寡断而痛失良机。

因与人为善又可能丧失原则，包容袒护不该纵容的人。在许多情况下，连正确的意见也不能坚持，对上司有随意顺从的倾向。如果刚决果断一些，正确的能极力坚持或争取，大事上把握住方向和原则，以仁为主又不失策略机变，则能团结天下人才共成大事。这就是曾国藩所说的"谦卑含容是贵相"。否则，只是幕僚参谋的人选。

（5）固执之人

这种人立场坚定，直言敢说，也有智谋，可以信赖，行得端，走

得正，为人非常正统，不论在思想、道德、饮食、衣着上都落后于社会潮流。有保守的倾向，也比较谨慎，该冒险时不敢，过于固执，死抱住自己认为正确的东西，不肯向对方低头，不擅长权变之术。

这种人是绝对的内当家，是敢于死谏的忠直大臣。

（6）朴实之人

这种人胸怀坦荡，性情忠厚淳朴，没有心机，不善机巧，有质朴无私的优点。但为人过于坦白真诚，心中藏不住事，大口没遮拦，有什么说什么，太显山露水，城府不够，甚至可能被大家当傻瓜看，作为取笑对象。与这种人合作，尽可以放心。

但这种人，办事草率，有时又一味蛮干，不听劝阻，该说的说，不该说的也说。虽说坦诚是为人处世的法则，但一如竹筒倒豆子，少了迂回起伏，也未必是好事。如果能多一份沉稳，多一点耐心，正确运用其诚恳与进退谋略，成就也不小。

（7）好动之人

这种人性格开朗外向，作风光明磊落，志向远大，卓立不群，富有开创精神，凡事都想争前头，不甘落在人后，往往从中产生出莫大的勇气和灵感，不轻言失败，成功欲望强烈，永远希望自己走在成功者的前列。

缺点是好大喜功，急于求成，轻率冒进，如果在勇敢磊落的基础上能深思熟虑、冷静应对，则能取得重大成就。又因为妒忌心强，如果不注重自身修养，会因忌妒而犯错误。如果将忌妒心深藏不露，得不到宣泄，可能致人格偏失到畸形。

（8）沉静之人

这种人性格文静，办事不声不响，作风细致入微，认真执著，有锲而不舍的钻研精神，因此往往成为某一个领域的专家和能手。

缺点是过于沉静而显得行动不够敏捷，凡事三思而后行，抓不住生活中擦肩而过的机会。兴趣不够广泛，除兴趣所在之外，不太关心周边的事物。尽管平常不太爱讲话，但看问题又远又深，只因不愿讲出来，有可能被别人忽略。其实仔细听听他们的意见是有启发的。

（9）辩驳之人

这种人勤于独立思考，所知甚博，脑子转得快，主意多，是出谋划策的好手。

但因博而不精，专一性不够，很难在某一方面做出惊人的成就。不愿循着前人的路子，因此多有标新立异的见解。口辩才能往往也很好，加上懂得多，交谈演讲时往往旁征博引，让人大开眼界。如能再深钻一些，有望成为百科全书式的人物。为人一般比较豁达，因此也能得到上下之士尊敬。

（10）清正之人

这种人清廉端正，洁身自爱，从本性上讲不愿贪小民之财，富有同情心和正义感，因此，看不惯各种腐败而不愿为官，即使为官也是两袖清风，不阿谀奉承，偏激的人甚至辞官不做，去过心清神静的神仙日子。

由于他们原则性极强，一善一恶界限分明，有可能导致拘谨保守，又因耿直而遭奸人嫉恨陷害，难以在政治上取得卓越成就。有狂傲不羁个性的，反而在文学艺术上会有惊人的成就，在那个天地中可以尽情自由地实现他的理想和抱负。

（11）拘谨之人

这种人办事精细，小心谨慎很谦虚，但疑心重顾虑多，往往多谋

少成，不敢承担责任，心胸不够宽广。他们驾轻就熟，在力所能及的范围内能很圆满地完成任务。可一旦局面混乱复杂，就可能头昏脑涨而做不出果断、正确的抉择，难以在竞争严酷的环境中生存。

他们生活比较有规律，习惯于井井有条而不愿随便打乱安静平稳的识人术的目的不仅知人，更重要的是在了解其人之后，采取相应的措施去用人。

第二次世界大战时英国著名的蒙哥马利元帅曾经有过这样一段话："我们把军官分成四类，聪明的、愚蠢的、勤快的、懒惰的。每个军官至少具备上述两种品质。那么，聪明而又勤快的人适宜担任高级参谋；愚蠢而又懒惰的人可以被支配着使用；聪明而又懒惰的人适合担任最高指挥；至于愚蠢而又勤快的人，那就危险了，应立即予以开除。"

（12）韬智之人

这种人机智多谋又深藏不露，心中城府深如丘壑，善于权变，反应也快。如果立场不坚定，易成为大奸之人，往往见风使舵，察言观色确定自己的行动路线，智谋多变。如果忠正有余，则会成为张良一类的奇才。

办事能采取比较得体的方法，表面谦虚，实际上不会吃哑巴亏，暗藏着报复心。用人讲求乱世用奇，治世用正。这种人不论在乱世还是治世，都能谋得自己的一席之地，是懂得变通的善于保全自己的一类人。因诡智多变，可能节气不够，不宜选派这种人掌管财务、后勤供应等事。

话不用都说在嘴上

在社交场合，言谈能反映出一个人为人处世的涵养功夫。因此，每逢开口说话，不管是什么内容，都要注意别让别人产生自己被比下去的感觉。

心中有浩然正气，自然使人尊崇，说话有分量；而心中傲气冲天的人，一副盛气凌人的样子，自然使人反感，认为此人目空一切，必难成大器，于是对你爱答不理的，倘若惹恼了人家，灾祸可能也就不远了。

中国有句俗话说："言多必失。"它的意思是，一个人总是滔滔不绝地说话，说得多了，言语中就自然而然地会暴露出许多问题。例如，你对事物的态度，你对事态发展的看法，你今后的打算，等等，会从言语中流露出来，被你的对手所了解，从而制定出相应的策略来战胜你。

另外，有时一个人心情不愉快，说起话来难免会愤世嫉俗，讲出很多过头的话，招来一些不必要的麻烦。俗话说："病从口入，祸从口出"，这句话确实有一定的道理。大多的灾祸是从自己的言谈中招来的，因而慎言可以少祸。言谈的灾祸，主要表现在以下两个方面：一是对身边的人和事评头论足，这种不考虑后果的高谈阔论，惹怒了上司和同事，就会埋下灾祸的导火线；二是在众人之中鼓唇弄舌，搬

弄是非，像长舌妇一样，今天道东家长，明天说西家短，这种缺少修养的言谈，极有可能遭到报复。说话能把握分寸，说得恰到好处，是一种修养，一种水平，既不能喋喋不休，口若悬河，又不能该说话时却沉默寡言。

比如，有人约了几个朋友来家里吃饭，这些朋友彼此都是熟识的。主人把他们聚拢来主要是想借着热闹的气氛，让一位目前正陷入低潮的朋友心情好一些。

这位朋友在不久前因经营不善，关闭了自己的公司，妻子也因不堪生活的压力，正与他谈离婚的事情，内外交困，他实在痛苦到了极点。

来吃饭的朋友都知道这位朋友目前的遭遇，大家都避免去谈与事业有关的事，可是其中一位朋友因为不久前赚了很多钱，酒一下肚，忍不住就开始谈他的赚钱本领和花钱功夫，那种得意的神情，连主人看了都有些不舒服。那位失意的朋友低头不语，脸色非常难看，一会儿去上厕所，一会儿去洗脸，后来他赶早离开了。

因此要提醒你，与人相处，切记不要在失意者面前谈论你的得意。

一般来说，失意的人较少有攻击性，但别以为他们只是如此。听你谈论了你的得意后，他们普遍会有一种心理——恼恨。这是一种藏到心底深处的对你的不满。你说得唾液横飞，不知不觉已在失意者心中埋下一颗仇恨的炸弹。

失意者对你的怀恨不会立即显现出来，但他会透过各种方式来泄恨，例如，说你坏话、扯你后腿、故意与你为敌，而最明显的则是疏远你，避免和你碰面，以免再见到你，于是你不知不觉就失去了一个朋友。随意自夸、口无遮拦几乎是骄傲自满者的通病。这种致命的弱点不仅暴露了自己的内心情感和意图，而且会使很多人心怀不满或恼恨不已。试想，如果别人的不舒坦是因你而起的，你还会得到好处吗？所以说，人应该把自己高人一筹的某些东西适当地隐藏起来，这不仅仅是一个人的修养问题，心气太傲了，真的容易吃大亏。所谓"木秀于林，风必摧之"，正是这个道理。

认清自私才会少受自私的伤害

人性里有很多缺陷，自私就是最令人觉得悲哀的一个。自私的人凡事都想着自己，不顾别人，然而这样的人是很难在社会上立足的。

善民村有个农夫，他对佛非常虔诚。他的妻子因病去世后，他就请来了当地最著名的禅师为亡妻诵经超度。佛事完毕之后，农夫问道："禅师，你认为我的亡妻能从这次佛事中得到多少利益呢？"

禅师照实说道："当然！佛法如慈航普度，如日光遍照，不只是你的亡妻可以得到利益，一切有情众生无不得益呀。"

农夫不满意地说："可是我的亡妻是非常娇弱的，其他众生也许会占她便宜，把她的功德夺去。能否请您只单单为她诵经超度，不要给其他的众生。"

禅师慨叹农夫的自私，但仍慈悲地开导："回转自己的功德以趋向他人，使每一众生均沾法益，是个很讨巧的修持法门。'回向'有回事向理、回因向果、回小向大的内容，就如一光不是照耀一人，一

光可以照耀大众，就如天上太阳一个，万物皆蒙照耀；一粒种子可以生长万千果实，你应该用你发心燃的这一根蜡烛，去引燃千千万万支的蜡烛，不仅光亮增加百千万倍，本身的这支蜡烛，并不因而减少亮光。如果人人都能抱有如此观念，则我们微小的自身，常会因千千万万的回向，而蒙受很多的功德，何乐而不为呢？故应该平等看待一切众生！"

农夫仍然顽固地说："这个教义虽然很好，但还是要请禅师为我破个例吧。我有一位邻居张小眼儿，他经常欺负我、害我，我恨死他了。所以，如果禅师能把他从一切有情众生中除去，那该有多好呀！"

禅师以严厉的口吻说道："既曰一切，何有除外？"

听了禅师的话，农夫更觉茫然，若有所失。

人性之自私、计较、狭隘，在这位农夫身上表露无遗。只要自己快乐，自己能有所得，根本不管他人的死活！殊不知别人都在受苦受难，自己怎能一个人独享呢？世间万物，都是有事理两面，事相上有差别，但在道理上则无差别，一切众生都是平等的。自私常会导致恶果，不肯和人一起分享只会让你失去更多。

有一个村庄坐落在海边，村民们平时务农，有时也到海里捕鱼。

一天，村里的一位渔夫带着儿子来到与海相通的大湖边。他想，这个湖既然与海相通，可能会有很多鱼，于是他就在湖边开始钓鱼。他刚把钓钩扔进湖里，就钩住一个很重的东西，用力拉也拉不动。"看来是钓到一条大鱼了！"他兴奋地想着，不过又想，"这么大的一条鱼，如果把它钓起来，被别人看到的话，大家肯定都会跑这里来钓鱼，那么湖里的鱼很快就会被别人钓完了，所以还是不要告诉别人的好。"

这位渔夫想了一会儿，便告诉儿子："你赶快回去告诉你妈妈，说爸爸钓到了一条很大的鱼，为了不让别人发现，要妈妈想办法和村里的人吵架，吸引大家的注意力，这样就不会有人发现我钓到了一条大鱼。"

儿子很听话地跑回去告诉了妈妈，妈妈心想："只是和人吵架根本无法吸引全村所有人注意，我还是想点更好的办法吧。"于是她就把衣服剪出了很多洞，把儿子的衣服当帽子戴，还用墨把眼睛的周围擦得黑黑的，对于自己的扮相她很满意，便离开家在村子里走来走去。

邻居看到她，惊讶地说："你怎么变成这个样子，是不是发疯了？"

她便开始大吼大叫："我才没有发疯！你怎么可以这样侮辱我，我要抓你去村长那里，我要叫村长罚你的钱！"

村民们看到他们拉拉扯扯吵得很厉害，就都跟着来到村长家，看看村长如何判决。

村长听完他们各自的说辞，便向渔夫的妻子说道："你的样子的确很奇怪，不论是谁看了都会问你是不是疯了，所以他不用受罚，该罚的是你！因为你故意打扮得怪模怪样还这样大吵大闹，严重扰乱了村民的生活。"

而湖边的渔夫在儿子跑回家之后，用力拉钓竿想把鱼拉上来，可是怎么拉也拉不动，他怕再用力会把鱼线拉断，便干脆脱光衣服跳进湖里去抓那条大鱼。

当他潜入湖里，仔细一看，才发现原来鱼钩是被湖底的树枝钩住，根本就不是钓到什么鱼！他非常地气恼，更为严重的后果是，当他伸手拨开树枝，不料钓钩反弹起来刺伤了他的眼睛！他强忍剧痛爬上岸来，又湿又冷，但是衣服又不知道什么时候被人偷走了，他只好光着

身子沿路回村求救。

这对夫妻自私地想独占一湖的鱼，结果却弄得丈夫被刺伤，妻子要被罚钱，最后他们还一条鱼也没有得到，反而给人留下了笑柄。懂得分享的人，才能拥有一切，当你张开双手的时候，无限世界都是你的，如果你握紧拳头，你所能拥有的就只有掌心一点点的空间。过分在意自己的所有，不肯与人分享，无视他人处在困苦之中的人，终究也会被他人抛弃。

生活中，有很多只为自己活着的人，他们不肯为别人的生活提供便利，更不肯为别人放弃自己的一点点利益，认识这一点，在社交活动中才会少受伤害。

三、阅人读心之眼明心亮

识人之难，难就难在每个人都有不同的特质，每个人都需要从不同的角度去衡量，这往往会令人眼花缭乱、真假难辨。但并不说，识人就没有窍门可言，其实，识人察人还是有一定规律可循的。掌握它，你就能在茫茫人海中一眼看到你所需要的人。

一眼鉴别英才

用人的首要前提是一定要会"识人"。如果一个老板不会识人，对自己手下的员工各自的性格、特点、长处和缺点没有一个清楚的认识，那么他（她）又何谈正确地用人呢？可是，要迅速、全面而正确地观察出一个人的比较重要的各种素质，并非易事，这需要老板们对于识人术有着比较高的造诣。

中国自古以来就有识人术的存在，识人基本上是出于一种对人心理上的判断，与现代的心理学研究的问题有相通之处，但这与多少有迷信色彩的相人不同，它主要是以相人为基础，进一步分析眼神、表情和举止动作等一些细微的方面，从而得到对一个人综合性的判断。对于这些，说起来似乎神乎其神，不易做好，但只要老板具有足够的耐心和细心，也是可以具有一双慧眼的。

汉高祖刘邦年轻时做客吕公家，吕公见刘邦相貌奇特，当时就决定将唯一的千金许配给他。那就是后来也闻名一时的吕后了。

三国时的桥玄，初见曹操便直断其有安百姓的才能。桥玄观察曹操的一言一行，心中便已明白此年轻人不简单，因而也就给了很高的评价："卿治世之能臣，乱世之奸雄也。"也就是说曹操在太平无事的时候可以当一个能干的大臣，而在生逢乱世的时候就能成为世间的奸雄。据说曹操"闻言大喜"，认为桥玄是了解自己的人。而后来事情的发展也充分地证实了桥玄的预言。

要做好识人这一步，是需要坚持一些原则和要领的。老板识人，至少要掌握三大原则：

第一，从外部表现看内部实质。

识人当然是从人的外部表现开始，但是却不能停留在外部表现，而要从一个人外在的表现看出他（她）内在的品性，这样做方才是正确的识人之道，然而这实在不是一件简单的事情。

人的外在表现一般包括人的精神面貌，体格筋骨，气质色相，仪态容貌和言行举止等。《人物志》共列出了九征，分别为神、精、筋、骨、气、色、仪、容、言，根据这九种外在的表征，可以看出一个人所具有的情性，从而了解他（她）的勇怯、强弱、躁静、缓急，等等。

情性的重点在于情而不在于性，原因是情是由性生出来的，同时情也要受环境的感染，人人几乎各有不同。所有这些都决定了人情的变化相当繁杂，如果用分类法来加以区分和归纳，实际上都显得牵强而不够精细。但是，以简御繁，把人情归纳成几种简单的类型，仍然是十分必要的。例如《人物志》所采用的十二分法，便是把形形色色的人，根据性情归纳成十二种不同的类型，通过进一步分析其利弊，便可以为知人善任提供有力的参考，以便于老板对人才的明辨慎用。当然，这个过程需要不断的进行，只要老板有心这样去做，并在实践中不断积累察言观色的经验，是可以做到由外见内的。

第二，由显著表现看细微个性。

我们做事情的原则，在于由小见大，由微见著。但是识人的要领，则正好相反，而在于由显见微。

　　有些人常常东张西望，心浮气躁，有些人则安如泰山，气定神闲。

　　前者往往是拿不定主意、犹豫不决的人，而后者则很可能是临危不乱的高人。一个人的气质到底如何，很容易从他的容貌和姿态上看出来，无论是眼神、印堂还是眉宇之间，都相当地显著。

　　但是，作为一个老板，要从这些人所具有的明显特征中看出其细微的性格特征来，则并非是一件容易的事。这尤其需要老板有丰富的经验、广博的学识和敏锐的观察能力。

　　第三，认识共同点，辨析不同处。

　　人看来看去，似乎只有那么几种类型。然而只要再细加分析的话，那么也不难发现，其实同一类型的人，往往又具有各自不同的情性。从这些不同的差异中看出其共同的本质，固然对老板来说可以从整体上把握一类人的普遍共同点，能够从一个新的高度对人的类型有清醒的认识。

　　但是从共同中要发现各自的差异，也是十分必要的。

　　例如历史上的王莽和诸葛亮，有很多相同的地方，但是结果王莽篡位，而诸葛亮则为蜀国鞠躬尽瘁，死而后已。如果老板做不到识同辨异，总是把王莽和诸葛亮混为一谈的话，那么最终倒霉的，只能是老板自己。

　　同样都是干事积极，劲头十足，有些人只是在瞎胡闹，看上去忙忙碌碌，其实什么成果也没有。而有些人则卓有成效，一件一件的事情都安排得井然有序，成绩斐然。也同样都是能言善辩，有些人只是在空口说白话，虽然口若悬河，滔滔不绝，但是只要真把什么事情交给他（她），则不会有什么好结果。而另一些人则说话算数，说到做到，办起事情来相当可靠。

　　所以老板要能分清这些人，才能有效地使用人才，走向成功。但是还有一类人是最可怕的，这类人往往缺乏定性，一会儿如此，一会儿又不是如此，令老板捉摸不透，对于这种人，老板也最好不要信任他（她），否则也只能是自吞苦果。

　　总而言之，老板如果想要探知各种人的内在本质，以做好识人这一步，那么就应该掌握以上三大原则，并依此对人的情性做深入细致的观察，然后再具体分析他（她）的优点和不足之处，对他（她）有一个十分具体而实在的把握。

　　只有通过这样有总有分、总分结合的方式，老板才能既不失一般性，又不失特殊性地掌握各种人的本质，做到心中有数。当然，作为一个老板，千万不要期待任何形式的完美无缺，这无论在理论上还是现实上都是行不通的。老板用人，贵在知人长短，取其所长，避其所短，这样才能让每个人都充分发挥他（她）的才能，为公司作出最大的贡献。

一眼读懂同事内心

　　生活中每个人总是承受着来自各方面的威胁。这些威胁绝大多数是隐性的，都是你很难体察到的，而且多数来自于你的同僚。许多同僚对你的态度很和顺，有说有笑。你甚至把他们当作了自己最亲近的人，把自己的所有情况，包括欢乐和悲伤，喜好和憎恶，都毫无保留

地告诉了他们。但是，有些人往往并不会对你抱以真心，在透彻明晰地了解你、洞悉你的弱点后并把它作为打垮你的利器，从而把作为他们的潜在威胁的你清除掉，这才是他们的目的，所有的一切都是一个圈套。直到被他们打得落花流水，地位全无，一直沉浸在畅想之中的你才会如梦初醒。

围绕在你周围的有很多人，都表现得对你非常友善，肝胆相照，并且信誓旦旦地要和你一起合作，共同创造一片新天地。面对这种情况，你也许会无所适从，因为你无法确定哪个是真的，哪个是假的。但是，如果你真正地观察体验，真假还是很容易鉴别出来的：

（1）对方在倾听你诉说的时候是抱以真诚的同情和感慨呢，还是目光闪烁，有时出现若有所思的样子呢？如果是后者，那么对方很可能是一个居心叵测的人。当然，这需要你去仔细观察他的言行并注视他的眼睛。

（2）仔细地回想一下，当你有意无意地想结束自己倾诉的时候，他是不是很巧妙地利用一些隐蔽性极强的问题重新打开你的话匣子呢？而且，你随后所说的内容又恰恰是容易被别人利用的东西。

（3）如果你偶然得知有人总是在不经意之中向你所亲近的人打听一些有关于你的消息，那么你最好疏远他们。

（4）有些笑容并不是很自然，而像是从脸皮上挤出来的。有时你觉得并没有丝毫可笑的地方，而对方却能够笑起来，这种人也要适当地多加小心注意。

（5）如果有些东西你觉得实在忍不住，不吐不快，那么你要尽量找一个自己亲近的人诉说一番，比如你的父母、妻子甚至孩子。这会缓解你心中的郁结，减少情绪上的大起大落。

现代生活的交际令你随时都要面对各种人，如何与这些人相处，怎样了解他们是何种性格的人，是摆在你面前的首要问题。

交换名片，是彼此传达身份信息的一种手段。

但是有的人即使在非正式的场合中，也喜欢递出名片，在公共汽车上、小吃店偶然邂逅朋友、熟人，也要拿出一张名片，甚至到酒吧喝酒时，都不忘给服务员名片。

这些人动不动就拿出自己的名片是因为他们在评价对方时，很易受对方的工作、职位或学历等所左右，由于这种心理的投射作用，也喜欢在名片上印自己喜欢的、认为别人会对他另眼相看的各式头衔。当他们拿出名片交给对方时，便判断对方一定也会把自己捧得高高在上。但事实上人们并不都是用头衔来判断一个人。相反地，他们这种举动反而更容易让别人发现他潜藏于心的自卑感。

常见有人喜欢向同事问东问西，而其询问的内容不外乎是与自己有关的事情或人。这是因为这些人无法适应自己的工作环境，如果要适应的话，他们就必须使自己的价值观和生活方式与环境协调，才能使自己安心。当然他们也有志成为其中的一员，但只是有这种想法，却无法付诸实行。在心有余而力不足的情形下，自己的理想和现实产生差距，这种差距就造成了自卑感。只要一触及自身这类较敏感的问题，他就会感到强烈地不安。

有的人常喜欢毛遂自荐，即使明知自己无法胜任，他们也硬要推销自己。但有的人却恰好相反，明明有个让他们一展才华的机会，却退缩迟疑。后者这种看似谦虚的美德，实际上是源于他们害怕暴露自己的弱点。

其实他们也有他们的理由，因为并非他们喜欢畏缩，只是这种人

对自己太没自信了，只要能够确认自己有能力，他们一定会着手办理，不须他人要求。但并不是说这种人的理想过高，而是指这些人尚未建立与公司的同一性，他们认为自己不是公司里的专家。更简单地说，这种人还没有彻底适应其工作场所。由于感受到现实与理想的差距，他们就会认定有许多困难存在，因而畏缩不前。

行事认真的人，也许办事的速度不快，但由于他们不会敷衍了事、半途而废，所以完成的工作，定能博得他人的信赖。

有的人办事不仅认真，甚至还吹毛求疵，这就有点矫枉过正了。办事过于认真的人，从办公室的桌子就可以看出：他们的桌子总是摆放得整齐规矩。若有人在他不在时，顺手借用他桌上的东西，即使过后再放回桌上，他一眼就能看出东西有人动过，会很不高兴地表现出来。这种行为，除了会令周围的人神经紧张外，他自己也为此而苦恼。

这些人很清楚自己过于认真的行为并不合乎常理。若从单纯角度来看，一定会认为既然他自己也知道不合理，只要改正不就好了？可是问题是他们根本无法改变自己，如果他们中止了这些行为便会失去平衡。这种行为，是心理学上典型的"强迫观念"：有这种行为的人，常给别人一种神经质的印象。有拒绝上学倾向的孩子，一旦远离了父母的保护，成长为有自我判断力的社会人后，通常会以较宽容的态度对待自己、对待别人。但此时另一种被人忽略，类似学生的拒绝上学症的心理拒绝上班症出现了。

为什么有人会产生这种心理呢？这是因为他们有一种想从自己必须完成任务的现实环境与组织中逃脱出来的心理。而此逃避的倾向，就是因为他们认为自己所属的组织（也可以说是他们的工作单位）中的人际关系是一种负担，这种负担构成了精神压迫，使得他们拒绝上班。

主要的原因，是因为他们与工作场所中的气氛不能协调。换句话说，就是其内心与工作场所有差距。

基于此，这些人自觉无法忍耐这种差距，只好采取一种特殊行为填补这种差距，结果愈加精神紧张。当自我忍受不了时，他们就会想逃离工作场所。由此可知，这种人一定是尚未确立自我，且尚未完成与工作场所的同一性。

在任何团体中，总有一两个八面玲珑的人，虽然他们的表现方式各有不同。

这类人的典型行为是，他们能轻易地和陌生人打成一片，在同事聚会等活动中，往往是别人最常邀请的对象，对这点他们相当自豪。但他们很少想到，其实大多数的人，只有在无利害冲突的情形下才会邀请他们。造成此种行为的原因，是这些人始终对自己的存在价值不明确，亦即他们尚未确立自我信念，因此容易接受他人的想法、价值观，但也因此给人左右逢源的印象。

站在这个角度观察，这些人明朗快活的背后，隐藏着一份悲哀感，他们内心是很孤独寂寞的。

一眼识别自己的老板

你要识别自己的老板，就要辨清他属于什么类型的老板，了解他的个性，有一个不二法门，就是俗语所谓的"跟官司要知道官司贵姓"。这就是说，当员工想跟定哪一个老板之后，必须要立即对老板进行全面了解。

（1）怎样与听信谗言的老板相处

为了不至于和老板发生冲突，并且使他明白你是受到了谗言的陷害，你可以这样去做：

A. 运用一定的技巧为自己洗刷清白，破除谗言的假面目。某些人向老板进谗言诬陷你，偏偏老板又听信了谗言，这样的情况对你非常不利。但是，你不要担心，应该拿出勇气来，以积极的态度与其斗争，采取技巧揭穿事情的真相，还自己一个清白。

B. 面对老板对自己莫名其妙的、突然的冷淡疏远，或在会议上不点名、暗示性地批评你，甚至故意制造工作中的矛盾为难你、制裁你，应当有勇气主动找老板谈谈心，问清缘由，说明真实的情况。凡事假如拿到桌面上，坦率地、公开地说清楚，往往会收到较好的效果。回避的态度、忍气吞声的做法，只会使自己笼罩在一层迷雾中，加深老板对你的误解，加大双方之间的隔阂。因此，应当敢于正视面临的困境，努力想办法摆脱被动的局面。

C．变被动为主动。假如确切无疑地知道了谁在背后向老板进谗言陷害你，你可以在老板没找你之前先找到他，把一切实情坦然地相告，这样就可以变被动为主动了。另外，为了制止进谗者继续造谣生事，应当再凛然正色地找到这位当事人，以暗示的口气给其以必要的警告。但不要完全说明，因为他是不会承认的。这类人往往心虚，你一找他，他就明白是怎么回事。他们都习惯于背后捣鬼，因此，也不愿公开撕破脸皮，不愿发生使双方都难堪的正面冲突。假如对方是一个非常泼悍无礼的小人，则要避免与其正面打交道，而是策略地把话说给其亲朋好友，让他们转告给他，从而间接地制止他的恶劣行径。

（2）怎样与爱挑剔的老板相处

与爱挑剔的老板打交道是最令人头痛的事情了，由于他的存在，你经常会处于不自信的状态中，因为他老是打击你的情绪。比如，公函内容与打字格式是他告诉你的，等你拿给他签字的时候他又说这封信应该重打；明明你是完全按照他的吩咐去处理一件事情的，过后他又指责你办事不妥；你从事的是专业性很强的工作，可对你专业一知半解的老板偏偏对你的能力"不放心"，等等。在挑剔的老板手下干活觉得自己浑身上下的汗毛都是竖着长的，左右都不是，怎么做都让他看不惯。

不管怎么说，碰到爱挑剔的老板，对下属而言，总是不利的。那么，该怎么办呢？以下几招不妨一试：

A．弄清老板的意图

当老板交给你一项任务时，你应问清他的要求、工作性质、最后完成的期限，等等，避免彼此发生误解，应尽量做到符合他的要求。

B．设法获取老板的信任

如果老板处处刁难你，或许是担心你将来会取代他的位置。这时，你应尽自己最大的努力使他放心，让他明白你是一个忠诚的下属，你可以主动提出定时向他报告的建议让老板完全了解你的工作情况。一旦获得他的信任后，他便不会对你过分地刁难你。

C. 正视问题

不要回避问题，尊重自己的人格，不卑不亢。正视问题，尝试与你的老板相处，针对事情而不是针对个人。比如，老板无理取闹时，你应据理力争，抱着"错了我承认，不是我的错而要我承认，恕难照办"的态度，论理而不是吵架，让他感觉到你的思想和人格。

一个言行一致、处世有原则的人别人自然不会小看，就算老板也不例外。

D. 别太计较

不要对老板的挑剔或刁难过于计较，过去的就让它过去吧！应把工作的重点放在最重要的位置。遇到什么样的老板是可遇而不可求的，假如眼前的这份工作能满足你的要求，比如，丰厚的薪水、优雅的工作环境等，那么你就不要放弃这份工作。假如你十分喜欢自己的工作，想在上面做一番业绩，那就尽量不要放弃目前的工作，不要把老板的人品与钟爱的事业同日而语。

（3）怎样与顽劣贪婪的老板相处

顽劣贪婪的老板私欲太重，就好比一个永远也填不满的无底洞，他的贪欲是没有止境可言的。

遇到这样的老板，该怎样对待呢？

A. 按原则办事

照章办事，坚持原则，是工作人员应遵守的纪律。不要因他曾栽培、提携过你，为感恩戴德，就放弃原则，与其同流合污。

如贪婪的领导想以巧立名目、偷梁换柱的方式满足私欲，你可用借口予以搪塞或回绝。使他感到你"不给面子"、"不好对付"、"难以打开缺口"、"太死板僵化"。屡次碰壁后，他就有可能有所收敛。当然，这样做要顶着极大的压力，冒着遭受打击排斥的风险。但假如你应允了，就会越陷越深，其后果是不堪设想的。因此，要有勇气顶住压力，坚持原则，坚信"多行不义必自毙"这个亘古不变的真理。

B. 多留个心眼儿

假如迫于老板的压力，不得不按照他的意思去办，但自己要多留个心眼儿，把一些可疑的地方悄悄记在本子上，一旦等事态败露，作为证据立即交出。假如掌握了老板贪赃枉法的确凿证据，可采取匿名的方式，向有关部门打电话或写信举报。这样不但可以为民除害，同时也减轻了自己所受到的压力和威胁。

（4）怎样与自私的老板相处

自私的老板往往考虑的只是他自身的利益，他从不站在集体的立场上考虑问题，更不会替下属着想。为了满足他自身的利益，他可以置集体或下属于不顾，甚至不惜牺牲集体或下属的利益。在与自私的老板相处时应该注意：

A. 洁身自好

不能为虎作伥，这种自私的人什么事都做得出。他可能把得到的私利分你一半，但在引起众怒的时候，也会把你抛出去当替罪羊。老板的任职毕竟没有你的名声长久，故不可与之同流合污。

B. 用沉默表示抗议

假如他的所作所为实在过分，可用沉默表示无言的抗议。聪明的

老板会领会下属沉默的含意。

C. 有原则地代上司受过

但对于某些情况而言，下属绝不要轻易代老板受过，如非常重要的恶性事故，造成重大经济损失或政治影响的事故，以及一些已经触犯到法律的事情。在这些情况下，假如你仍然为顾全老板的面子做掩饰，甚至把责任揽到自己头上，其后果是不堪设想的，这会害了你自己，为这样的老板付出牺牲太不值得了。

（5）怎样与傲慢的老板相处

一些人之所以显得傲慢，不可一世，是因为他具有别人无法攀比的优越条件，或者是高人一筹的才智。傲慢的人最容易刺伤别人的自尊心，很让人反感。

假如你的老板是这种人物，与其取宠献媚、自污人格，不如谨守岗位、落落寡合。这样，他人虽然傲慢，但为自己的事业计议，也不能专蓄那些食利的小人，完全摒斥了求助的君子。一有机会你就该表现出你独特的本领，只要你是个人才，不愁他不对你另眼相看。

一眼读懂员工的心

历史上，伯乐善于相马，然而"千里马常有，而伯乐不常有"。世间，有才华、有能力的人很多，只是善于相人而又懂得用人的人，恐怕并不多。所以，做主管的人，除善于相人之外，更要善于用人，这才是最重要的。相人之术有四点：

第一，以利诱之、审其邪正；

第二，以事处之、观其厚薄；

第三，以谋问之、见其才智；

第四，以势临之、看其能力。

"相由心生，貌随心转"，一般的江湖术士算命，是从一个人的相貌来断定一个人的命运与未来。其实，人的命运不在相貌上，而在他的心地与行为上，所以真正会相人的人，要看这个人的心术正邪、待人厚薄、才情胆识如何。

第一，以利诱之、审其邪正："君子临财不苟得，小人见利而忘义"。所以要知道一个人是正人君子或是奸佞小人，可以用重利来诱惑他，看他的态度、反应如何。如果是有道之人，对于无端而来的利益，他会一分不取，表现正直的本性；如果是无德之人，有一点小小的利益，他就如蝇逐臭，不顾一切，趋之若鹜。所以，是君子、是小人，利益之前，无所遁形。

第二，以事处之、观其厚薄：厚道的人，处世宁可自己吃亏，绝不以自己之长来彰显他人之短；薄德的人，遇事但求有利于己，不管他人的名誉是否受损。所以如果要知道一个人的道德厚薄，只要跟他相处共事，从他的行为，就能看出人格高下。

第三，以谋问之、见其才智：有智能的人，胸藏兵甲，腹有韬略，做事懂得安排计划，尤其善于出谋策划，如果你问计于他，他会有很多中肯的意见。如果是一个才智平庸、没有智能的人，胸无点墨，既说不出一点道理，也没有半点能耐。所以一个人的才智如何，看他谋事的能力即可。

第四，以势临之、看其能力：一个人如果能力不高，容易滋生事端；有能力的人，才能承担大任。要看一个人的胆识如何可以用权力来逼迫他。领导者要知晓下属能力，可以故意把事情搞得很复杂，然后让下属去判别。这样，领导者在不经意间更易识得人才。

这里有一个典型的事例。李德裕少时天资聪明，见识出众。他的父亲李吉甫常常向同行们夸奖李德裕。当朝宰相武元衡听说后，就把他召来，问他在家时读些什么书？言外之意是要探一探他的心志。李德裕听了却闭口不答。武元衡把上述情况告诉给李吉甫，李吉甫回家就责备李德裕。李德裕说："武公身为皇帝辅佐，不问我治理国家和顺应阴阳变化的事，却问我读些什么书。管读书，是学校和礼部的职责。他的话问得不当，因此我不回答。"李吉甫将这些话转告给武元衡，武十分惭愧。

有人评论说："从这件事便可知道李德裕是做三公和辅佐帝王的人才。"长大以后，李德裕真的做了唐武宗的宰相。

智慧之人会从扑朔迷离中判明真实情况，这种方向感有助于在实际的处世中保持清醒的头脑和敏锐的眼光，从而洞察事情的本质。这是领导者必具的才能，也是领导者选人应参照的一个重要因素。

有勇，诚是可嘉；有智，实也难得，但要有大智大勇之才，则是不易。领导者若能识出大智大勇之才并加以任用，必然会给自己的事业带来巨大的帮助。因为智勇双全之才，一方面有过人的谋略，在办事之前定经过一番周密的算计，对以后的行动有全面的指导；另一方面，还有敢于拼搏、敢于进取创新的勇气，而这往往又是许多人才所欠缺的。

南北朝时，北齐的奠基人高欢为试验他的几个儿子的志向与胆识，先是给他们每人一团乱麻，让他们各自整理好。别人都想法整理，唯独他的二儿子高洋抽出腰刀一刀斩断，并说："乱者当斩。"高欢很赞赏他的这种做法。接着，又配给几个儿子士兵让他们四处出走，随后派一个部将带兵去假装攻击他们，其他几个儿子都吓得不知怎么办，只有高洋指挥所带的士兵与这个将军相斗。将军脱掉盔甲说明情况，但高洋还是把他捉住送给高欢。高欢很是称赞高洋，对长史薛淑说："这个儿子的见识和谋略都超过了我。"后来高洋果然继承高欢的事业，成为北齐的第一位皇帝。高欢以是非识人，确实成功，而高洋也以自己的大智大勇成就了一番霸业。

一眼了解朋友的类型

每个人结交朋友都应分清朋友的类型。下面是朋友的几种主要类型。

净友型。净，直言规谏。即在朋友之间敢于直陈人过，积极开展批评的人。

奥斯特洛夫斯基说："所谓友谊，首先是诚恳，是批评同志的错误。"交净友是正确选择朋友的一个重要方面。净友，像一面镜子，能照出每个人身上的污点。

《三国志·吕岱》篇中有这样一个故事，吕岱有个好友徐原，"性忠壮，好直言。"每当吕岱有什么过失，徐原总是公正无私地批评规

劝。徐原的这种做法受到了一些人的非议，吕岱却赞叹说："我所以看中徐原，正由于他有这个长处啊！"直言敢谏，言所欲言，指出朋友的过失或错误，这样才是对朋友真正的爱护。陈毅元帅曾写过两句诗："难得是诤友，当面敢批评。"《诗经》上"如切如磋，如琢如磨"的诗句，也是说朋友之间要互相帮助，互相批评。人非圣贤，孰能无过？有了过失，在别人的帮助下，则可以及时发现并得到改正。

导师型。在人生的道路上，如果得到导师型朋友的指点和帮助，就能使你少走弯路。历史上不乏这样的例子，有的人竭尽平生之力，但在事业上一筹莫展，结果朋友的一句话，却使他顿开茅塞。"与君一席话，胜读十年书"就是这意思。导师型的朋友往往在某一领域有着丰富的经验。科学史上戴维和法拉第的友谊，一直被人传为佳话。当法拉第成为近代电磁学的奠基人，誉满全欧洲时，他还是常对人说："是戴维把我领进科学殿堂大门的！"可见，导师型的朋友常为困境中的友人指点光明的所在，常为在事业上做最后冲刺的友人送去呐喊和力量。

患难型。顾名思义，患难之交对人生的重要性丝毫不亚于经久的交往，尽管事过境迁，但友谊却与日俱增。他们相逢于危难之中，相助于困难之时。

相同的命运和遭遇铸造了强有力的友谊的链节，使友谊牢不可破。因为他们相交于人生的十字路口，即使在一起的时间十分短暂，但毕竟相互分享了忧愁和困苦，这会使友谊因基础牢固而地久天长。

异性型，古今中外，都流传着许多男女之间友谊的动人故事。俄国音乐大师柴可夫斯基和梅克夫人之间的友谊，便是其中一例。有一次，梅克夫人在听完柴可夫斯基的《第四交响乐》后，回家马上写信给柴可夫斯基，"在你的音乐中，我听到了我自己……我们简直是一个人。"

由于性别上的差别，一般来讲，男性刚强、勇敢，女性心细、富有同情心。在困难和挫折面前，女性需要男性的保护和帮助，男性则需要女性的安慰和体贴。因此，异性之间的友谊也可以像同性友谊一样密切，并可产生特殊的力量。

信息型。这类朋友交友甚广，或从事新闻、资料和某种社会性工作，他们对新鲜事物有一种特殊的敏感，常被人称作"消息灵通人士"。在当今社会，信息已成为不可缺少的宝贵财富，众多信息报刊和沙龙的出现，就很能说明问题。据说有一位科研工作者花了近十年的时间，搞出了一项发明，后来才知道类似的产品早在十多年以前别人就已发明了，并申请了专利。这位科研工作者白白浪费了这么多时间和精力，如果当时有一位这方面信息灵通的朋友，事先把消息告诉他，就不会有这样的遗憾事了。

娱乐型。人，除了工作、学习之外，还需娱乐、休息。而且许多娱乐活动需要两人以上才能开展，于是，便产生了娱乐型朋友。德国近代蜚声文坛的大诗人歌德和席勒的友谊历来为人们称颂。他们两人经历不同，性格各异，但从 1794 年开始初交，直至 1805 年席勒去世，十载春秋，两人情同手足，正是因为他们的友谊植根于兴趣和爱好相同。正如歌德所说："像席勒和我这样两个朋友，多年结合在一起，兴趣相同，朝夕晤谈，互相切磋，互相影响，两人如同一人……这里怎么能有你我之分呢？"

人的生活岁月，主要由劳动时间和闲暇时间组成，兴趣和娱乐可以给事业增辉。值得一提的是，过去我们常把娱乐型朋友看成是吃喝

玩乐的酒肉朋友，甚至把它与"轧坏道"相提并论。其实，这是一种偏见。

健康的娱乐活动能陶冶人们的性情，娱乐型朋友之间同样能建立真挚的友谊。随着人们物质文化生活水平的迅速提高，生活将变得更加丰富多彩，社交范围也势必随之扩大，娱乐型朋友必然会成为朋友中的一个重要类型。

一眼明白对手的类型

每个人的爱好、想法都不一样，所以我们经常遇到的对手也各不相同。

与人交涉时，倘若能够明白对手属于何种类型，应付起来就比较容易了。现在列举几类人供你参考：

（1）傲慢无礼的人。有些人自视甚高、目中无人，时常表现出一副"唯我独尊"的样子。像这种举止无礼、态度傲慢的人，是最不受欢迎的典型。但是，当你不得不和他接触的时候，你该怎样对付他呢？

某个单位的一位负责人，说话虽然客气，眼神里却有些许的傲慢，且不带一丝笑意，这种人实在是很不好对付的，当初次会见他的时候，给你的感觉是有一种"威胁"的存在。

对付这一类型的人，说话应简洁有力才行，最好少跟他啰唆，所谓"多说无益"，因此，你要尽量多加小心，以免掉进他的圈套里。

不要认为对方对你很客气，就礼尚往来地待他，实际上，他多半是缺乏真心诚意的，你最好在不得罪对方的情况下，言辞尽可能做到"简省"。

当然，任何一个人都有自己的立场和苦衷，这位负责人可能自觉"怀才不遇"，或怨恨自己运气不好、无法早点出头；又由于其在社会上摸爬滚打甚久，城府颇深，故尽管不受领导眷顾，也会在"保卫自己"的情况下，与人客气寒暄。因此，我们只要同情他，而不必理会他的傲慢，尽量简单扼要地交涉就可以了。

（2）沉默寡言的人。与不爱开口讲话的人交涉事情，实在是十分吃力的任务。因为对方太过于沉默，根本就没办法去了解他的想法，更无从得知他对自己是否具有好感。

曾有一位新闻记者，为人沉默寡言，怎么看也不像是个记者。无论你与他说什么，他总是以沉默回答，你真是拿他没有任何的办法。当有人给他介绍广告客户的时候，他也只是淡然地说声："哦！是这样啊。"然后手持对方名片，呆呆地看着。

对于这类型的人，你最好采取直截了当的方式，让他明白表示"是"或"不是"，"行"或"不行"，尽量避免迂回式的谈话，你不妨直接地问："对于甲和乙的两种方案，你认为谁的方案比较好？是不是甲的方案好些啊！"

（3）死死板板的人，这类型的人，就算你很客气地与他打招呼、寒暄，他也不会作出你所预期的反应来。他一般不会注意你在说些什么内容，甚至你会怀疑他听进去没有。你是否也遇到过此类型的人呢？

与这种人打交道，刚开始多多少少会感觉不安，但这实在也是没有办法的事情。

遇到这样的情况，你就要花些工夫，仔细观察，注意他们的一举一动，从他们的言行中，寻找出他们真正关心的事来。你可以随便和他们闲聊，只要能够使他们回答或产生一些反应，那么事情也就好办了。接下去，你要好好利用这一话题，让他们充分表达自己的意见。

每一个人都有他感兴趣和所关心的事，只要你稍一触及，他就会滔滔不绝地说，此乃人之常情，因此，你必须好好掌握并利用这种人性心理。

（4）顽固不通的人。顽强固执的人是最难应付的，因为不论你说什么，他都听不进去，只知道坚持自己的意见，死硬到底。与这种顽固分子交手，是一件累人且又浪费时间的事，结果往往徒劳无功。所以，在你和他交涉时，千万要记住"适可而止"，否则，谈得愈多、愈久，心里也就愈不痛快。

对付此类型的人，你不妨及时抱定"早散"、"早脱身"的想法，随便敷衍他几句，不必耗时、费力自讨没趣。

（5）草率决断的人。这种类型的人，乍看好像反应很快，他经常在交涉进行至最高潮的时候，忽然妄下决断，予人"迅雷不及掩耳"的感觉。由于这种人多半是性子过于急躁，因此，有的时候为了表现自己的"果断"，决定就会显得随便而草率。

由于他们的"反应"太快，每每会对事物产生错觉和误解。其特征是：没有耐心听完别人的谈话，往往"断章取义"，自以为是地作出决断。

如此虽使交涉进行较快，但草率做出的决定，多半会留下后遗症，招致意料不到的后果。

假如遇到此类型的人，最好按部就班一步一步来，把谈话分成若干段，说完一段（一部分）之后，马上征求他的同意，没问题了再继续进行下去，如此才不致发生错误，也可免除不必要的麻烦。

（6）深藏不露的人。我们周围存在着很多深藏不露的人，他们不肯轻易让人了解其心思，不愿让人知道他们在想些什么，有时甚至说话不着边际，一谈到正题就"顾左右而言他"。

当遇到这样一个深藏不露的人时，你只有把自己预先准备好了的资料拿给他看，让他根据你所提供的资料，作出最后的决断。

人们多半不愿将自己的弱点暴露出来，即使在你要求他给出答案或判断的时候，他也会故意装作不懂，或者故意闪烁其词，使你有一种"高深莫测"的感觉。其实，这只是对方伪装自己的手段而已。

（7）行动迟缓的人。对于行动比较缓慢的人而言，最需要的就是耐心。

你与对方交流的时候，或许也常常会碰到这种人，此时你绝对不能着急，因为他的步调总是无法跟上你的进度，换言之，他是很难达到你的预定计划的。因此，你最好耐住性子，拿出耐心，尽可能配合他的情况去做。

（8）自私自利的人。这世上自私自利的人为数不少，无论你走到哪儿，总会遇到那么几个。

这种人心目中只有自己，凡事都将自身的利益摆在前头，要他做些于己无利的事情，他是不会考虑的。

他们始终在计算着自身的利益。正因为他们最看重数字，故有所坚持的，一定是自己的利益；至于其他事情，他们不会在意怎么做好它，只考虑怎样做才最省事。这种悭吝之徒，任谁都不会对他们产生好感的。

　　但是，当我们不得不与其接触、交涉的时候，只有暂时按捺住自己的厌恶之情，姑且顺水推舟、投其所好。当他发现自己所强调的利益被肯定了，自然就会表示满意，如此，交流就会很快获得成功了。

　　（9）毫无表情的人。人的心态和感情，往往会通过脸部的表情显现出来，故在与人交流的时候，表情往往可供作判断情况的工具。

　　然而，有些人却是毫无表情可言的，也就是说，他的喜怒是不形于色的，这种人若非深沉，就是呆板。当你和这种人进行交际时，最好的方法就是特别注意他的眼睛和下巴。

　　常有人说："眼睛是会说话的"，诚然，眼睛是灵魂之窗，"观其眸子"你自然可以知道他的心思。

　　往往，你可以从对方的表情中，看出他对你所持的印象究竟怎样？

　　有时候，自己会过分紧张得连表情都不很自在，此时，你不妨看看对方的反应：是不加注意、无动于衷，还是已然察觉、面露质疑？留意他的眼神，你一定可以得到答案。

　　有时候，适度的紧张和放松，也可以在交际中形成一种理想的气氛或局面。只是，当你明白对方的反应是受自己的应对态度所影响，进而影响到交际的结果时，就不得不特别注意、研究一下自己的言行举止了，尤其是脸上毫无表情的人更应注意才行。

一眼识别花心男人

如果花心男人屡屡得手，必然是有恃无恐越发猖狂，同时，越来越把你当傻瓜看待。因此，尽早识破花心男人，既可维护社会的安定，也可维护你的个人尊严。在这个问题上，女人绝不能心慈手软、姑息养奸。

看他对你突然去他家的反应，假如他是花心男人，他一定不情愿带你登他的家门，即使你要求他这样做，他也会支支吾吾地想法拒绝。你可径自到他家楼下，打电话给他，解释说出来逛街恰巧路过，然后要求上门拜访他的父母。假如他惊慌失措地出言拒绝，那一定是心里有鬼，即使不是花心，也是难以信任的，与他交往还是小心为妙。

看他加班忙业务时究竟在哪儿，为了有时间和其他女人约会，花心男人经常谎称自己工作忙，需要加班，或者生意上有其他应酬。你可以打电话到他的单位，看他是否真的在忙工作。这件事也可以让你要好的朋友去做，这样更稳妥一些。如果结论是他说了谎，那你就需要重新认识这个男人了。需要指出的是，这一条务必慎重，仅凭本条是没法最终定案的。

在公共场合看他对你的态度，花心的男人只会在与你独处的时候百般亲热，甚至提出越位的要求，而在公共场合，他会装出一副谦谦君子的样子，与你保持一定的距离，更不会把你当做女友介绍给他的

朋友。假如你们在一起的时候，恰好遇到他的朋友，你应要求他为你介绍，注意他介绍你时使用的称谓和他的表情。假如这招不灵，就找机会在他的朋友面前和他做一些亲昵的举动，看他的反应，要是他的朋友知道他和别的女人有暧昧关系，他一定会因此狼狈不堪。

在你突然试探时看他的表情，刚和另一个女人在一起，回到你的身边，花心男人也会心怀愧疚，因而，他会无来由地大献殷勤，帮你洗衣服、做家务，或送你小礼物。你可向他表示感谢，和他纠缠一番，在他自以为高明而心怀激荡时，在他的耳边轻声地说："昨天下午，我的一个朋友看见你了……"假如他心里有鬼，他一定会激灵一下，急促地问："看见我怎么了？"此招不能长期用。

看他是否固定时间和你约会，花心男人常常要多边作战，因此，他会尽量固定和你约会的时间，这样才不会发生冲突，可以避免差错与误会。你可选择一个你们不常约会的时间，不打招呼，突然出现在他的面前。假如他一脸惊喜，说明他深爱着你，随时期盼你的出现。假如他露出尴尬或惊慌的表情，纵然你是个愚蠢的女子，也一定知道是怎么回事了。

看他收支状况及消费的凭据，其实，花心男人也很困难，这是一件很费钱的事情，因此，即使他的收入不是个小数目，他仍会不时地囊中羞涩，因而偶尔表现出与他的收入不相匹配的吝啬。你不要出言询问，只需静静观察，注意他钱的去向。假如近期无大件的购物消费，而他的钱包却空得很快，就有必要查一查。或许，他的口袋里有消费的收据，若是那种特别适合男女约会的场所，真相自会不言自明。

看他爱的意趣是否经常改变，男人很容易受身边女人的影响，从而选择不同品味与意趣的衣服，不同品牌的烟、酒等，一旦他突然改变了习惯，很可能就是他的身边有了别的女人。

你可以买一串项链给他，嘱咐他每分每秒都要戴着。假如他约会别的女人，他就一定会摘下这串项链，戴着一个女人送的饰品去和另外一个女人亲热，毕竟是一件挺忌讳的事，甚至他会换上另一个女人送的项链，那就很难避免疏漏了，你只需静静观察好了。

看他的手机状态及接听方式，和一个女人约会时，假如另一个女人打电话来，是一件令人头疼的事情，因此，花心男人中的老手都会把手机的声音关掉，改为振动。

在和你约会时，假如他的手机没响，却一个人溜到阳台上去接电话，他多半有不可告人的事情。

看他身上残留下的香水味道，女人一般都有自己钟爱的香水品牌，因此，假如有一天他的身上残留着你认为陌生的香味，那他就很可能与别的女人有不明的关系。这是一条很古老的鉴别方法，却很有效。

花心男人很注意身上留下来的其他女人的香味，假如你发现他违反一贯的懒惰习惯，把刚穿不久的干净衣服换掉，或者干脆放到洗衣机里去洗，那就一定是有问题了。发现容易，关键是对策，你可以乘他醉酒或熟睡时打电话给他，让他猜猜你是谁。花心男人是很容易出错的。

一眼读懂外遇前的征兆

外遇是十分隐秘的事情，特别是女人会更加小心谨慎，你的妻子是否有外遇，从她口中是很难得出正确答案的。但是，凡事都有征兆，像地震前果树开花、老鼠搬家一样，做丈夫的你要留心看你的她是不是有反常的表现，以判定她是否有外遇。其具体表现如下：

电话接通之后对方不讲话就挂断了，你家里的电话像是出了什么毛病，当你接通的时候，对方却没有讲话，你"喂"了几声后对方却把电话挂断了。假如这样的情况出现几次，有可能是你的她已经有外遇的讯号。

她突然变得爱穿着打扮，每当你妻子晚归时，身上总是穿着新买的衣服；或者，每当你的妻子出差、旅游、参加会议时，行李箱里总是带些性感的衣服，或用最好的化妆品，显得格外年轻漂亮。

她突然与你争着接电话，过去，你家里电话铃声响起的时候，并不一定都是你的妻子去接听，突然从某一天起，她总是抢在你的前面去接听电话，并且交谈的声音比往常低，交谈几句就匆匆挂断。

往常的生活习惯、工作习惯突然改变，你的妻子工作时间突然无故延长；加班的次数变得频繁；对单位的一切活动，如联谊会、舞会、旅游等参加得比往常积极。

人在曹营心在汉，在家里时，你的她总是坐卧不安、心神不宁，梦中呓语呼唤着一个异性的名字，以往对你的依赖一下子跑得无影无踪。

谈话变得反常，你的她与你的谈话变得越来越少，电视看得越来越多；某个异性的名字突然经常在她口中提及或者以往常提的名字突然不提了；你的她开始说些不像平时所说的观点或笑话。

行踪可疑，你的她突然变得提前上班或晚归，当你打电话找她的时候，总很难联络上；夜间加班或上进修课的时间比平常延长很多，总是不能如期而归。

她突然变得无理取闹不近人情，外遇的一方为了寻找心理平衡，有时会故意找碴激怒你，这样她自己反而觉得和你这样暴躁易怒的人在一起，外遇也是理所当然的。

同事、邻居、同学、朋友看你的眼神很特别，当你的妻子有外遇时，通常知道最晚的是你自己，你的同事、邻居、同学或朋友可能先于你知道，当他们亲眼看到或风闻你的妻子有外遇时，想告诉你又担心你承受不了，所以，他们看你时的眼神总是显得与往常不一样。

她不再企图说服你改变坏习惯，假如你有赌博、酗酒等不良的习惯，过去你的她一直唠叨着企图劝你改掉它，可现在她却突然不再唠叨了。

力图积攒私房钱，你的她深陷外遇而不能自拔的时候，自然要为他们在一起时的花费，甚至为他们以后的结合做打算，这时她的财务不再像往常那样透明，甚至连以前愿意负担的家庭支出也斤斤计较，甚至不愿支付。

你的她突然变得爱健美，你的她为了取悦情人，会突然开始减肥，坚持做健美操，甚至常去健身房。

可疑的物品，你的妻子经常带回鲜花、礼物，或纪念品；你帮她洗衣服时发现情人节卡或某酒店、舞厅的优惠卡。

你的孩子变得特别黏人、好动，孩子是很敏感的，一旦母亲有外遇的时候，孩子会很敏感地觉察到，他（她）会感到困惑，进而以为是自己做错了事才惹得妈妈那样，在巨大的心理压力下可能出现尿床、无理取闹、做噩梦等现象。假如他们是青少年，便可能会喝酒、乱交朋友、打架，甚至会在大雨中将自己淋病。孩子的这些行为主要是潜意识中希望借此把母亲的注意力从外遇中拉回来。

以上所列，是女人情感走私的通常表现，但这并不是说，凡有上述表现者一定都有外遇。不过，可以肯定地说，在十四种表现中假如其中有七种表现同时出现，经发现后仍无收敛，那么，她情感外遇的可能性就很大了。

四、阅人读心之全角审视

　　一些人的性格有双重甚至是多重性，其行为表现也会随之多样，所以说，如果但从某一方面断定一个人是善是恶、是忠是奸、是有才还是无才，是不够客观、准确的。因而我们识人，务必要全方位去审读，多角度来把握，如此方能不错失一个好人，错交一个奸人，放走一个人才，留下一个庸才。

人心隔肚皮，读人不容易

自古以来就有读书一说，不知道有没有"读人"的？实际上，每个人都在读人，同时也在被他人读，从某种意义上而言，人就是一部复杂的、难以读尽也难以读透的大书。

尤为简单的读人莫过于读婴幼儿，每当婴幼儿啼哭时都表示有什么样的要求，细心的父母自会读懂。大音乐家贝多芬曾把婴幼儿的啼哭比作是"世界上最动听的音乐"，那么，婴幼儿的笑靥，也就可以比作是世界上最美丽的花儿了。

随着年龄不断地增长，人变得越来越复杂起来，要读透一个人也就日见其难。但尽管难，我们还得读。做主管领导工作的，能不读人吗？不然怎么能够做到知人善任；搞经营管理的，能不读人吗？不然怎么会知道与你打交道的是儒商还是奸商；搞文学的，能不读人吗？有道是文学即人学；即使你什么功利目的也没有，只是日常生活中交个朋友，也得读人，不然你怎么会交得知己良友？

读人也是一门必要的学问，会读的人读全面，不会读的人仅读到枝节，会读的人读内在的本质，不会读的人仅读表面的现象；由此，历史上因读人的正确与失误所得出的经验教训真是车载斗量，不胜枚举。

有一次，日本名古屋商工会议所主席土川元夫接待一位要求到他那里工作的人。谈了 20 分钟，他就作出了决定：此人不能留用。推荐者问他为何这么短的时间就能决定取舍，土川元夫说："这个人与我一见面就滔滔不绝地说个没完，根本不给我留有说话的余地，我说话的时候，他又满不在乎根本就不在意听，这是他的第一个缺点；其次，他很得意地宣传他的人事背景，说某个达官贵人是他要好的朋友，另一位名人也是经常与他一起喝酒的酒友，沾沾自喜地炫耀出来故意说给我听，让我了解；第三，我所关心的话题，他又谈不出来，这种人怎么能够任用呢！"听了土川元夫的这番分析后，推荐人佩服得直点头。

人心隔肚皮，读人实在是不容易，但不得不读。只有读懂人，才有知人之明，而读不懂人，就会败事，甚至伤身。战国时期的军事家孙膑，因当初没有读懂庞涓，因而受到了剐掉膝盖骨的重刑，而韩非没有读懂李斯，最后竟被囚禁而死。

能读书的人，更要学会读人。哪怕仅仅是一颦一笑、一丛鱼尾纹，文学家从中透视人们深埋其中的哀乐人生，社会学家从中寻觅以往的历史，心理学家从中管窥人们的血型和性格，哲学家从中剖析人性的善恶，医学家从中判断人们的健康状况。

即使我们的人生并不是一首动听的牧歌，但首先自己得光明磊落、心地坦然，然后，才能以冷静的目光去看待社会中的人，去读懂社会中的人。读好了人这部大书，有助于我们的事业有成，同时我们也就会真正实现由必然王国到自由王国的转变。

成大事者先识人

世界是人的世界，想要读懂世界，必要读懂人。成大事者都知道自己成长的真正土壤就是由人组成的社会，所以他们走上社会之前先学习如何识人，看懂人心是他们成功的重要法宝。

在我国历史上，历代杰出的思想家、政治家都认识到"为政之要，唯在得人"，发出了"千军易得，一将难求"的感叹。这不仅是看重人才在决定战争胜败，国家兴亡中的重要地位和作用，同时也是对知人识人不易的感慨。为此，所有成大器者，没有不会看人识人的，他们不仅是知人识人的专业研究员，也是深有资历的识人专家。

人的识别，是对人的觉悟、品质、知识、工作能力、性格、精力状况等方面，进行全面的历史考察与评价。"知人"既是人才管理的重要内容，又是对人合理评价和科学管理的前提条件。可以说，知人是坚持公道正派、任人唯贤的基本保证。没有识人的"慧眼"，"近己之好恶而不知"，就不能坚持公道正派、任人唯贤的原则。是对人才实施科学管理的重要环节，知人是用到人尽其才，才尽其用的必不可少的环节，同时也是激励人才奋发进取的有效措施。

刘邦的长处是善于知人用人，大胆从基层中提拔人。陈平的重用就是其中一例，刘邦看中陈平的长处，因此，没有猜疑他是归降之臣而重用之。等到朝中大臣谗言诋毁之时，刘邦却深明用人之道，不予理会，对陈平厚加赏赐，提升为护军中尉，监察全体官兵。从此，诸将再不敢诋毁陈平。

中国历史上的明君唐太宗曾说过"何代无贤"，非常值得今天的识人用才者深思、借鉴。唐太宗之所以使朝廷欣欣向荣，出现"贞观之治"，就是因为他知人识人。因此，能否识人在很大程度上决定着个人的生存。

"人之难知，不在乎贤不肖，而在于枉直。"即识别虚伪和诚实。人有坏人与好人之分，英雄有真英雄与假英雄之分，君子有真君子与伪君子之分。人还可以分为虚伪与诚实；有表面诚实却心藏杀机；有"大智若愚"，表面看上去是愚笨的样子，而内在里却是聪明之人；有"自作聪明"而实际的愚人；有两面派……

难怪人们常说，天下者，知人为难。今天，大家懂得知人难，就不会对人轻易下结论，就会更科学地鉴别人。

"事之至大，莫如知人"。对于领导者来说，"帝王之德，莫大于知人"，没有比识人才更重要的了；对聪明的人来说，"知者莫于知贤"，没有比发现和了解贤者更重要的了；对于主持政务的人来说，"尚贤者，政之本也"，尊重贤士是治政的根本；"求治之道，首与用贤"。治理国家的方法，首先在于使用贤人。"安危之本在于任人"，即国家安危的根本在于任人。

"夫为国家者，任官以才，立政以礼，怀民以仁，交邻以信；是以官得其人，政得其节，百姓怀其德，四邻亲其义。夫如是，则国家安如磐石，炽如焱火，触之者碎，犯之者焦，虽有强暴之国，尚何足

畏哉！"

这就告诉人们：对于治理国家的人来说，任命有才能的人为官，按照礼制确立政策法规，以仁爱之心安抚百姓，凭借信义结交邻邦。如此，官员由有才干的人担任，政事得到礼教的节制，百姓人心归附只因为他的德行，四邻亲近友善只因他的恪守信义。这样，国家则会安如磐石，炽如火焰，触犯它的一定被撞得粉碎，冒犯它的一定被烧得焦头烂额。如此，即便是有强暴的敌国存在，又有什么值得畏惧的呢！但要做到这一点，只有知人才能为事之至大，莫如知人识人，因此，一个成功人士首先必是一个善于识人知人的高手。

我们说，成事之先要识人，识人方可兴大事。

知人知面又知心

一个卓有见识的人，即使在十分安全的地方，对生活中发生的不同寻常的事情或举动，都会居安思危，事先看透他人的真实居心，而采取未雨绸缪的防范之策。

第一个阶段是描述性阶段，通过初步的接触、观察即能描述所观察对象的外貌特征、兴趣爱好以及文化水平程度、工作情况、社会地位，等等。

第二个阶段是预测性阶段，即进一步了解观察对象的性格特点、思维特征、思想感情、为人处世的态度，等等。此阶段不但能够准确地描述一个人，而且还能预测到一个人的行为。

第三个阶段是解释性阶段，即进一步对一个人的性格成因、生活经历、行为动机及心理基础等进行全面的了解与认识。此阶段不但能预测一个人的行为，同时还能解释其行为的动机以及性格的心理基础。由此，观察一个人，必须正确掌握观察的深度，特别是对一个未知的"陌生人"更不可盲目地下结论，只有通过多方面的认真考察，才能获得准确的了解。

通过三个阶段的融会贯通，人们可以很快地了解一个人的内心动态。从而推断一个人的未来与动向。不少英才行为反常、性格怪异，甚至表现为顽劣不堪，但明眼人能透过表面现象看出他们的本来面目。

春秋战国时期，赵国的国王赵简子想确立王位的继承人。于是赵简子便写了一篇训辞，并将训辞分别写在两块竹简上面，叫两个儿子各执一块，并要熟记训辞的内容。三天之后，赵简子将大儿子伯鲁叫到身边，要他背诵训辞，可伯鲁一个字也没有背出来；叫他把竹简拿出来看一看，伯鲁说早就弄丢了，现不知去向。赵王虽然不悦，但并未面斥。接着赵简子又把无恤叫来，叫他背诵训辞，无恤从头至尾一字不漏地背了出来，后问他竹简在哪里，无恤立即从袖中取出，并恭恭敬敬地奉呈赵王。赵王心虽然高兴，但并未夸奖。通过这次考验，赵王了解了两个儿子的做事态度，认为无恤能够严守父训，做事认真，听从教育，勤谨有礼，便确立无恤为他的继承人。

与赵简子相反，出身农户的刘裕虽没有多少文化，却能够一统天

下，他凭借的是自己的豪侠志气。

刘裕在东晋末年南北朝混战之际，崛起于行武，终其一生，戎马倥偬。这位靠战争登上皇位的农家子弟，勇武善战、胸有韬略，的确充满了"金戈铁马，气吞万里如虎"的英雄气概。刘裕曾在桓玄手下做一个小小的头目，当时桓玄已篡位，在私下，他的夫人对桓玄说道："依我看来，刘裕龙行虎步，风度不凡，恐怕不能为人下，不如早点除掉他，迟了恐怕养虎遗患。"桓玄说："我刚刚平定中原，目前正是用人之际，战时杀他对我没有什么好处。等关、河平定之后，再作打算吧。"一个女子能够很快看出一个人的将来，是与她平素看人无数，得出的结论分不开的。只是等到桓玄"再作打算"的时候，刘裕早已羽翼丰满，率领他的人马向自己的帝王之路进发了，不出几年，便夺取了天下。

由此不难得出一个结论，一个人的行动，他人没有心灵的睿智和一双慧眼是看不出来的。

伟人与凡人，心力高超的人与智力平平的人，差别仅在咫尺之间。就是在那很微小的地方，有的人发现了重要的甚或石破天惊的事件，有的人却一无所见。因此，每个人都不可忽略小事，常常就是在小事上，就在对一个人举手投足的认识上，可以看出事物变化的真实情况。

识透人心，做事才能潇洒从容

古人说："世事洞明皆学问，人情练达即文章。"做事与"人情定律"是分不开的，不察、不懂人情是万万不可的，因为人情是无根的东西，要想把它固定，必须先牢牢地掌握它。

换言之，通晓人情，就是要具有一种设身处地、将心比心的态度。从正面而言，就是要"己欲立而立人，己欲达而达人"。就好比身上冷了要穿衣，应该想到他人也冷了，也应该穿衣；肚子饿了要吃饭，应该想到他人也和你一样。懂得这些，你就要"推食食人"、"解衣衣人"。

从反面而言，通晓人情就是要"己所不欲，勿施于人"。你爱面子，就别伤他人的面子；你要得到他人的尊重，就要先得尊重他人。"只许州官放火，不许百姓点灯"的事情，也不是没有人做。

当然，做到通晓人情还不够，有的人既通又晓，但自视清高，懒得去做人情。情要做出来，还需要有一定的人缘。人缘好的人，才会广交朋友受人们的欢迎。

虽然话是这么说，但人情的"通"，人缘的"有"，是不能靠守株待兔的，天上不会无缘无故地掉下一张馅饼，并且刚好掉到你的嘴里，只有去做，人情才会光临你。

做人情的前提就是先察言观色，善于识透人心。

察言，就是"闻一知十"，观色，就是"见面明意"。

张先生与王先生在一家商场相遇，王先生带着他的独生女，两人边走边谈些生意上的事情，当经过女装柜台的时候，张先生注意到王先生的女儿的眼光落在了一件红色的衣服上。第二天，张先生来到王先生的家，送给王先生的女儿一件红色的衣服作为礼物，王先生的女儿很开心，却没想到，她的父亲有一天要给"张叔叔"一个面子，将这个情还上。

曾有个"盲人摸象"的故事说的是，几个盲人摸象，摸到耳朵的说如笊篱；摸到肚子的盲人说如鼓一样；摸到牙的说像牛角一样；摸到鼻子的说像条粗绳索；摸到尾巴的盲人说似扫帚一样；摸到脚的盲人说似桶一样的东西。

由于视觉的障碍，盲人看不见大象的立体画面，每个人只摸到了大象的一部分，却把它当作整体来看，这个故事给所有知人、识人者怎样去全面认识别人以深刻的启示。

在人的潜意识中隐藏着性格、感情、想法、需要、长处、缺点等很多东西，这些部分构成了人的整体。反过来而言，人的整体如同一个立体的事物一样，是多面的。每个部分就构成了一个人的面，通过面可以判断一个人的本质属性。

但是，并不是所有的面都和这个人的本质属性相一致，人的本质属性是由大多数的面决定的，假如把人的个别面当成大多数的面，把部分当成整体，就会犯"盲人摸象"的错误。比如，把偶然犯错误的人们看成是"屡教不改"，把偶做一两件好事的人当成先进人物，这

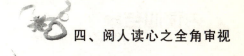

样的后果必定造成知人、识人的失误。要避免"盲人摸象"的错误，就必须借助于"立体透视法"来知人、识人。

所谓"立体透视法"，就是对人们做全面性的综合考察透视，反映这个人的整体以及这个整体和部分事物之间所构成的立体画面。

要把注意力集中在优点上

古有明训："人无完人。"看人总要往好处看，对人性才有信心，才敢把事情放心交托给别人。如果总是盯着别人的缺点，看不到他的长处，也许会把一匹千里马当成了一匹跛脚驴子。只有透过缺点看优点，才能找到真正的千里马。

一家人有五个儿子，但是五个儿子"各有千秋"：长子质朴，次子聪明，三子目盲，四子驼背，五子跛脚。如果按照常理看，这家人的日子会过得相当困难。可是出人意料的是，这家人的日子却过得挺顺当。有好奇心的人一打听，才知道那人对五个儿子各有安排。他让质朴的老大务农，让聪明的老二经商，老三目盲，正好可以按摩，背驼的老四可以搓绳，跛足的老五便成了守家纺线的好手。这一家人各展其长，各尽其长，日子过得能不顺当吗？

试想，如果这个人仅仅看到几个儿子的缺陷，他不被愁死才怪呢？

但是他转换了一种思维角度，从扬长避短的角度出发，发现了儿

子们具有正常人所不具备的生理优势。这样一来，全家无一废人。

天下没有完人，也没有无用之人。你把注意力集中在人的缺点上，则世无可用之人。把注意力集中在优点上，缺点就不那么重要了，然后用其所长，则世无不可用之人。

美国南北战争时期的著名将军格兰特具备卓越的军事才能，但同时又是一个好酒贪杯的酒徒。但是，林肯看到的只是他的帅才，而不计较他的缺点，因此大胆地起用了格兰特。当时林肯对众多的反对者说，你们说他有爱喝酒的毛病，我还不知道，如果知道我还要送一箱好酒给他喝！格兰特的上任，决定了战局的转折。

什么是好？什么是坏？什么是优点？什么是缺点？对这些问题，每个人都会有一些答案，但未必是"正确答案"，其中不少只是个人偏见。因为好与坏、优点或缺点，并无一定，一旦形成了定式，在处理事务时必然会缺少变通。

就用人来说，目的是为了做大事业，理当从需要出发，从观念上打破条条框框的束缚。有时候，所谓优点或缺点，只是个性问题。你看见某人一个缺点，在别人眼里却是优点。其实这只是个性偏好所致，并非真的优点或缺点。所以，干大事的人不执著于好坏长短，在看人时多考虑优点，在用人时多考虑有利无利，所以他们有大胆用人的底气。

有一位厂长可谓用人高手，他不仅能够用人所长，还善于将短变长，用人所短。比如安排遇事爱钻牛角尖者去当质量检查员，让处理问题头脑太呆板者去当考勤员，让脾气太犟争强好胜者去当攻坚突击队长，让办事婆婆妈妈者去抓劳保，让喜爱聊天能言善辩者去搞公关接待。这样一来，厂里一切便都秩序井然，效益时时见好。

在平常人看来，短就是短；在有见识的人看来，短也是长。古语说："尺有所短，寸有所长，不知人长中之短，不知人短中之长，则不可以用人。"这种观人的智慧充满了辩证法，以此用人，则大才、小才、奇才、怪才、庸才以及不才都能被你所用，那么，身边必然是人才济济，到处都充满生机。

看人不要戴有色眼镜，只要有一技之长，无论君子小人，用得好都能产生你需要的价值。

看人要避免情绪作用，冷静地发现别人身上的长处，并有效使用。

春秋时期，齐国孟尝君好招揽人才，座下有门客三千。一次，有两个人前来投靠，其中一个身材小巧，能钻狗洞，而另一个会学鸡叫。除此之外，他们别无所长。孟尝君还是把他们留下来了。好多门客不服气，认为这两个人没什么用，哪有资格跟他们为伍？但孟尝君劝他们说，世无不可用之人，有一技之长就是人才，不可轻视。

过不久，孟尝君奉命出使秦国。秦昭王想让孟尝君留下来做相国。有人劝秦昭王说："孟尝君很有本事，又和齐王是本家，如果在秦国做了相国，他一定先替齐国打算而后才为秦国谋利，那么秦国就危险了。"

于是，秦昭王就不让孟尝君当相国了，而且把他关起来，想把他杀掉。孟尝君派人求秦昭王的一个宠姬帮忙说情。这个宠姬说："我想要孟尝君的白狐狸皮裘。"

孟尝君确有这样一件皮衣，价值千金，天下无双。然而他在到了秦国以后，就献给了秦昭王。孟尝君很发愁，问遍门客，谁也想不出

对策。

这时，那个会钻狗洞的门客说："我能弄来白狐裘。"他在夜里装成一条狗，进入秦王宫中储藏东西的地方，偷出孟尝君献给秦昭王的那件皮衣。孟尝君又把这件皮衣献给了那个宠姬。宠姬替孟尝君向秦昭王讲了情，秦昭王就把孟尝君放了。

孟尝君获得行动自由以后，换了证件，改了姓名，混出咸阳，连夜逃往齐国。秦昭王放了孟尝君以后，又后悔了，让人去寻，而孟尝君已经逃走了，于是他就派人驾车追赶。

半夜时分，孟尝君来到函谷关下，却出不了关。因为秦国有一条规定：鸡鸣以后才准放人通行。孟尝君怕追兵赶到，心里很着急。这时，那个会学鸡叫的门客捏起嗓子，学着公鸡打鸣的声音，十分逼真，引得附近的公鸡也鸣叫起来。守关的人听到鸡叫，就开关放人通行，孟尝君得以顺利脱逃。

当孟尝君在秦国遭难时，那么多才子贤士都束手无策，全靠这两个只会一点雕虫小技的人才得以脱险，由此可见用人之道，确有奥妙，不可以常理度之。

有王霸之才者，君子小人莫不乐为之用。有些人确有大才，也有明显的品格缺陷，这种人用好了是个宝，用不好是个精怪，要有王者气度和超强统御力的人，才用得好这种人。

特朗普出身豪富之家，在沃顿金融学院读书时，他在某地发现一个公寓村，共有800套住房闲置。于是，他建议父亲将这个公寓村全部买下来，交给他经营。由于他还要读书，就聘请一个名叫欧文的人当经理，代他管理物业。欧文颇有治事之能，很快使公寓村的各项工作走上正轨，几乎不用特朗普操心。

但是，欧文有一个令人讨厌的毛病——偷窃。仅一年时间，他偷窃的公物即高达 5 万多美元。

特朗普发现欧文这种毛病后，从心情上来说，他恨不得让这个家伙立即滚蛋。但是，从理智出发，他觉得还需要慎重。一方面，他一时找不到一个合适的人接替欧文的职位；另一方面，他认为公司不仅是一个赢利的地方，也是一个传播文化、培训人才的地方，对一个有毛病的人，不加教育就推出去，是不负责任的态度。

最后，特朗普决定给欧文一个改过自新的机会。他将欧文找来，给他加了工资，并指出他的毛病，建议他以后一定要检点自己的行为。欧文既羞愧又感激。自此，他改掉了恶习，兢兢业业工作，为特朗普赚了好几百万美元。

在选才用人时，因为一个人的缺点而抛弃这个人，是最省事的做法，却不是最好的做法。人的优点与缺点经常是伴生的，往往能力越强的人，缺点越明显。你想用能人，只好忍受他的缺点。正如松下幸之助所说："你想全用好人为你工作是不可能的。与其精挑细选，不如大胆用人。"

学会多角度、多态势、多层次透视

多角度透视，就是遇到某些常见的现象后，不要仅用一种思维而停留在常规的层面上，而是要多方位地去探究问题。当牛顿看到苹果从树上落下时，他想，为何苹果会向地上落，而不向天上去呢？他从相反的角度来思考这个问题，最终发现了地球的吸引力。

知人、识人者在认识别人的时候同样也是这个道理，既要从历史的角度看待别人，更要从现实的角度衡量别人；既要善于从正面的角度去思考问题，也要善于从相反的角度去思考问题；既要从品德的角度、才干角度、行为角度去考察别人，也要从气质角度、喜好角度去衡量别人；既要考察别人的个体素质，也要考察别人在群体与组织中的种种行为表现。做到这些，才能判断和识别其真实的能力。

多态势透视，也就说把考察的对象放在相对静止的状态下，考察之后，还要放在动态中加以研究。比如，汽车是在静止状态下制造出来的，而后必须进行动态的检查，还要跑磨合路程，以便在"动"中发现问题。有些人考察别人常常只注意"静态"，而忽视其发展的变化，以及周围环境对其的影响度，因而，工作中盲目性很大。其实，换言之，多态势透视也就是要用发展的观点去识别他人。

世间万物都处于无休止的运动、发展、变化中，人也不例外。随着主、客观条件的改变，人的思想、知识、品德、才能也会跟着不断地改变；所以，要知人，必须在发展中观察人，在变化中识人，尤其要看到人们的发展前途，善于从发展的变化中看清别人。

古语说："士别三日，则当刮目相看。"也就是说，人是在不断改变自己的，假如用静止、孤立的观点去识人，会把活人看成"死人"。只有在发展中识人，才能真正做到知人善任。

人才一般具有三种状态，即萌芽状态、含苞欲放状态与才华显露大展宏图的状态。知人者及时发现处于含苞欲放状态和才华显露状态的人才当然很好，但是，最难能可贵的是如同伯乐相马。当马没有被人发现是千里马，甚至拴在槽头骨瘦如柴无人一顾的时候，能从马的筋骨等方面发现是千里马一样，能够发现处于萌芽状态、尚未被人认识甚至处于"低谷"中的人才。

坚持用发展的观点看人，就要注意不能用孤立的、静止的观点把人看扁、看死。要知道，一个人的优点、缺点，长处、短处，都是相比较而言的。在一定条件下，长处会转化为短处，优点可以变为缺点；相反也是如此。比如，工作大胆泼辣是优点，但是，不顾主客观条件一味大胆，就会变成盲目蛮干；谨小慎微是缺点，但只要注意不在小事上纠缠。这样谨慎一点，就会变为优点。当然每个人的情况不同，发生转化的客观条件也不尽一样，对此，不仅要坚持具体问题具体分析，而且要有由量到质的基本估计。

在了解一个人的时候，不但要考察表面现象的浅层次，更要考察内在实质的深层次。这里有一个方九皋相马的故事耐人寻味。

春秋时，秦穆公请相马专家伯乐推荐他的继承人，专家伯乐推荐

了方九皋，秦穆公很欣然接受了。在方九皋访求良马三个月后，果然找到了一匹理想中的良马。秦穆公问他是怎样的一匹马，他说是一匹黄色的母马。等牵来马，秦穆公一看，却是一匹黑色的公马。秦穆公很不满意，把伯乐找来，说："你介绍的那位相马专家，连马的毛色和公、母都不能分辨清，哪里还能相什么良马啊！"伯乐问明缘由之后，不禁大为赞叹："方九皋能不照搬书上的条文，真比我高明千万倍啊！他所注意的是根本的东西，能抓住内在的实质，忽略表面的外形；只看他需要的，而不看他不必看的，像方九皋这样观察事物的方法实在有着比相马更重大的意义！"伯乐把马牵来一看，果然是一匹天下难得的千里马。当然，方九皋连马的毛色和公母这一表面上的东西都认不清，这并不是什么好事，但是，他那看马注意看本质的观察方法是值得称道的。

辩证唯物主义认为，在现象和本质这对范畴中，现象是浅层次的东西，本质是深层次的东西；现象是本质的具体表现，本质是现象的根据。只有通过现象这个浅层次，才能抓住深层次的本质。假如只停留在现象的浅层次上，就会把人看扁。

在考察人的时候，既要看现象又要看本质；既要看一个人的支流，又要看一个人的主流。要善于抓住本质和主流这样深层次的东西去衡量一个人，这样才能保证知人、识人的准确性。

知人心的十大忌讳

（1）切忌"先入为主"

我们与不相识的人初次见面时，对方首先给我们留下印象的一般总是外貌。外貌（包括长相如何、风度怎样等）似乎决定着第一印象的好坏。他人给我们留下的第一印象是相当深刻的。但是，我们认识人不能只停留在第一印象上。第一印象只是对一个人的认识的起点，而绝不是终点。因为它毕竟是建立在信息不足、尤其是反映内心本质的信息不足的基础上的，因而具有一定程度的表面性和片面性，有时还会有虚假性。并且，第一印象也常常受我们的生活经验、我们个人的好恶倾向所左右。须知，生活中，人是可以改变的。所以我们应该努力看得更深刻一点。

第一印象基本上是由直觉得出的。我们对直觉不能不信，也不能全信。直觉往往最纯净、最不被掩饰，但是它也往往是最简单、最肤浅的。因此，不要光凭直觉，除非受过专门的训练，已达到老练的侦探或者渊博的心理学家那样的水平。记住：全然听信"第一印象"是幼稚的，甚至是危险的。应当去验证它。如果后来所观察到的事实与第一印象不符，就应尊重事实，去除先入之见。

不了解事实真相，就不可能明智地思考问题。有些人并不逃避思

考，可是在分析问题时，总喜欢像猎犬追捕猎物似的一个劲儿地捕捉那些足以能够说明其先入为主的观点和事实，而对其他情况不屑一顾。他们只对那些说明其行为正确性的事实感兴趣。

有人常根据听到或知道的关于他人的情况，在未与其见过面时就做出判断，他们甚至在与其见面后，怀疑或无视自己的判断，以符合原来的结论。

先入之见使人不可能有真正的洞察力，必须努力克服。克服先入为主的最好方法，是把感情和事实严格区分开来，努力做到对事实做客观、公正和全面的分析与判断。

（2）只从自己的角度看问题

我国有句老话说"看人挑担不吃力"。仔细琢磨这句话，可以感到回味无穷，启发不少。

有时候，我们常常百思不得其解，"这个人为什么会这样呢?"

其实，只要你在内心假设处在此人那样的位置和情况，你会怎样做，就会明白此人的行为了。你也许会发觉，你也不得不和此人曾经做过的一样，甚至还不如此人。

"设身处地"，这不仅有益于搞好人与人之间的关系，也是了解别人的最简单的一个方法。

A当小科员时，常常在背后议论科长无能，"一件小事也要考虑再三"、"优柔寡断"，宣称如果有朝一日能"掌权执政"将如何如何，大有扭转乾坤的气势。事有凑巧，不久A果然"上马施政"，结果大半年下来也不过如此而已。A深有感触地说："看人挑担不吃力。现在才知道办一件事是多么难啊！看来前任科长不是优柔寡断而实在是身不由己，何况在那样的情况下还做了许多事，真是不简单啊！"

将心比心，设身处地，有助于更加深入地认识一个人。

（3）不保持适当的距离

西方有这样一句谚语，说出了一个很平常但又深刻的道理："英雄的妻子，不知道自己的丈夫是英雄。"

事实常是这样，对于朝夕相伴的人，一方面非常熟悉，闭上眼就能说上十几条特点；但另一方面，对其特点也容易漠然视之，有什么新变化、新发展，也常常不注意了。

要深入了解一个人，就应该长时间与其接触。但是，这又会造成习惯上的错误，有许多问题反而难以觉察，因为"脸挨着脸，就看不见脸"。

心理学研究表明，人对人恰如其分而正确的理解无须经过长期的、过分亲密的熟悉。在时间长短、密切程度和恰如其分的认识等参数之间，最有可能存在曲线关系。更准确地使人们彼此相互理解，必须有某种最适合的时间和适度的密切程度。

这两者是相互依存的。如有一方面不合适，就会限制有关的必要信息，与此同时，长时期的过于密切地相处，很可能歪曲相互理解的准确性，给对方凭空抹上许多色彩，或过高地估计了对方。要知道，"情人眼里出西施"。两个互相很要好的人，彼此在内心留下的都是对方美好的形象。这对于认识一个人是不利的。从这个意义上可以说"熟知并非真知"。

因此，在与一个人的结识时间不过长、关系不过密时头脑最冷静客观，这时对于正确地认识此人是最适合的。

（4）不敢进行大胆猜测

要认识、判断一个人，不妨先根据此人留给我们的最初形象来进行分类，假设就是这么一种类型的人；然后，再在实际生活中逐步去有意识地观察，看看是否符合我们的假设。如果全部符合，此人就是我们原来假定的那种人；如果全部不符合，此人就是另外一种类型的人；如果部分符合，此人就是具有这种类型的人的某些特征，一般这种情况最多见。这样，至少有助于我们的认识。

大数学家高斯曾说过："如果没有某种大胆放肆的猜测，一般是不可能有知识的进展的。"现实生活中也是这样。

当然，运用这种方法，首要条件是已具有了认识人的丰富的知识，而且还应注意不要落入定式心理的陷阱，用先入为主的框架套人。分类是必要的，但更重要的是与事实是否相符。要灵活，而不要偏执、死板。

记住，我们仅仅是假设。

（5）不用比较的方法

俗话说："不怕不识货，就怕货比货"，认识人也是这样。见的人多了，就会自然而然地感觉到张三与李四的差别，李四与王五的不同了。

比较，是我们认识周围世界和思考问题的一个重要方法。比较在我们的日常生活中随处可见。例如，一个买鱼的人说"现在鱼真贵"。所以认为鱼贵，是和过去相比，过去几角钱一斤的鱼，现在几元钱一斤。又如，"今天天气真好"，这总是和过去有几天不好对比而言的。我们也时常这么说："老张家的两个儿子长得挺相像，可老大老实，老二滑头。""老李的两个女儿都长得水灵灵的,不过小女儿比大女儿更漂亮。"说某人聪明、漂亮、高尚,或者愚蠢、难看、卑劣,都是和别人对比而言的。

可以说,心理比较是人们普遍的心理状态,没有比较是不可能的,问题在于怎么比。如对比的方法正确,会收到良好的效果。

"横看成岭侧成峰,远近高低各不同"。如果只有横向视野,没有纵向视野,或者只看近不看远,就会由此产生各种错觉、猜疑和误会。

比较是一个好方法。它对于认识人,分辨出人们之间的微小差异是有很大帮助的。

(6)不以偏见识人

正确地认识一个人之所以极其困难和复杂,其主要原因就在于感情对于我们的理性的干扰和影响,使我们常常迷失方向,走向歧路。

当我们认定某人是好人时,其一切就都变成好的了;当我们认定某人是坏人时,其一切就都又变成坏的了,甚至以前做的好事也被说成"别有企图"。感情,统治着人的内心,神秘而无所不在,有时甚至可怕。

培根说:"情感以无数的、而且有时是觉察不到的方式来渲染和感染人的理智。"《圣经·诗篇》中说,一个人情感激动时,"虽有耳朵,却听不见"。

每个人都有自己的偏见,认识上的局限、感情上的偏爱。人们不会轻易就达到互相了解,即使有最美好的意愿和最善良的目的。而如果当偏见蒙住了人的眼睛,想要去除是相当艰难的。无论是证据、常识还是理性,都对偏见望而生畏。

"不识庐山真面目，只缘身在此山中"。只有跳出感情的圈子，摆脱利益的束缚，心平气和地去观察了解一个人，才会有更清楚的认识。

（7）不看他周围的人

认识一个人还有一个很简便的方法，即只要看看环绕着这个人的经常是些什么人就行了。

"物以类聚，人以群分"。人们总是喜欢与自己志趣相投的人，也总是喜欢与自己相似的人。一个喜静、乐于思考、性格内向的人，一般不会喜欢与大吵大嚷、轻浮、外向的人交往了，一个行为主动、办事沉着的人也一般不会喜欢一个行为被动消极、办事急躁慌张的人。由于各种原因，有时人们会结交与自己截然相反或者反差很大的人为友做伴，但只要仔细分辨一下，真正从内心喜欢的，还是和自己相似的人。

同时，长期的、稳定密切的人际关系，会使交往双方在某些行为准则、性格特点、价值取向等方面变得相近或者相同起来。所以说，"近朱者赤，近墨者黑"。

（8）以貌取人

人们长期以来形成了这样一种观念：好人必定是身高体壮、眉清目秀；而坏人则总是形容猥琐、獐头鼠目的。

其实，人的相貌之好坏，与其内在素质之优劣，并非都是成正比的。据说大圣人孔子满脸是毛，相貌不佳；周公又瘦又小，像干枯的树桩。但他们都功业卓著，名垂千古，使后人仰慕不已。而桀和纣，尽管长得英俊高大，是当时天下有名的美男子，但结果却遗臭万年。

"人不可貌相，海水不可斗量"。如果仅以相貌来判断人，最终会失误的。唐朝的安禄山，长得肥胖，肚子很大，一副忠厚的样子。

一次唐玄宗问他："你这肚子里都装些什么玩意儿？"安禄山答道："我的肚子里装的只有对你老人家的赤胆忠心，别的什么也没有。"唐玄宗听了心花怒放，对安禄山越发信任。可后来，安禄山却兴兵作乱。

（9）不进行独立的思考

倾听别人的意见固然是很重要的，但听过之后，自己还要再思考。当确信自己的观察、认识是正确时，就决不可轻易地被别人的言论所左右，即使 100 个人当中有 99 个人唱反调也要坚持下去。

不过，要注意的是，不要被偏见、成见束缚而固执己见。如何把握好这个分寸，全在于自己是否冷静、公正、客观。尤其是年轻人，思想依赖性大，往往容易怀疑自己的直观感觉，又容易受到外来意识的影响，轻易地动摇自己正确的判断和见解。

不同的人有着不同的评价标准，这是客观事实，也是很正常的。

因此，成见不可有，定见不可无。应记住：眼睛比耳朵更可靠，但是如果不运用自己的头脑进行认真的思考，那么，眼睛看得再多，耳朵听得再多，也是毫无益处的。

（10）做极端的判断

有的人这样写道，"人，乃是宇宙间最错综、最完全的事物：融怜悯、友善、坚韧、顽强、智慧、高尚于一身；集自尊、自私、懒散、贪婪、愚昧、卑俗于一体。"确实，一个人的性格是多方面的，只不过一个突出的侧面掩饰了其他的侧面。

人都存在着自我矛盾，有时为爱国热情所燃烧，似乎贡献生命也在所不辞；有时却心灰意懒，想躲进深山老林以遁世……

不要强求吧！这就是人。在现实生活中，2乘2往往不等于4。因此，不要做极端的判断。作为社会的人，其心灵世界是极其复杂、极其丰富的，不可能是单一色的。高尔基在他的长篇小说《三人》里，曾经借主人公伊利亚的口说过这样的话："如果一个人是坏的，也还有好的地方；如果一个人是好的，也还有坏的地方。我们的灵魂是多色的，随便什么人都是如此。"

假如你喜欢十全十美的标准人物，那么文艺作品也许能满足你，但是在你的一生中恐怕永远也不会遇到这样的人。人若要达到完善、完美，还需经过漫长的"修炼"。

总之，只有在实践中考验、识别一个人才是最可靠的，才能减少判断失误，而和谐的判断，不仅是不可靠的，也是不可取的。

以全方位的角度看人

任何一个人，其性格作风、思想境界、专业能力、学识水平等，都是在不断发展变化的。有的人越变越好，小才变为大才，歪才变为良才；有的则由好变差，或由风华正茂变为江郎才尽。

汉代叱咤风云的大将韩信，早年家贫，又不会做买卖，常寄食于别人，众人多嫌弃他。淮阴屠户当众欺负他，使他蒙受"胯下之辱"。他后来投奔项羽，不受重用。汉丞相萧何不计其过往劣迹，慧眼识真才，发现他具有卓越的军事潜能。萧何月下追韩信，向刘邦保举其为大将军，并鼓励他施展才华。在漫长的楚汉战争中，韩信充分发挥了他的军事才能，为刘邦建功立业出了大力。

如果刘邦总是用韩信受过胯下之辱的往事来估量韩信的才能，而没有发展看人的慧眼，则韩信就只能成为别人眼中的武夫、无能之辈，一代人才就会被埋没。

从上面的事例中可以清楚地看出，用静止、孤立的观点看待人，会把活人看成"死人"。只有在发展中看人，才能真正做到知人识人的客观公正。

反观今天的某些企业管理者，平时总是嘴上说自己观察人是多么仔细、多么准确，并且总是能够首先看到人家的发展方向。这些话让手下人不免为之心动。可在实际工作中，他们却往往总是一提到某人，就先从这个人以往的某几件事情上大肆议论，历数他过去的种种过失，然后，就轻易地下结论说，这个人似乎也就这样了，以后难有作为。这种用静止的眼光识人的做法，实际上是非常愚昧狭隘的。

人是在发展变化中走向成熟的，总是在不断总结经验教训中增长才干，发挥才能。善于用发展的眼光来识别人，才是唯物主义的科学态度。

因为他不仅仅是在识察人的潜能，也是在培养人，如果总拿一个人过去的失误来判断他的未来发展，从而否定其潜在的能力，这等于是用其以往的经历以主观臆断来压制他的潜能的发挥，打击他的积极性，同样也是在打击他的自信心、进取心，当然也就更谈不上培养和造就人才了。

其实，作为知人识人者，真正以发展的眼光来识别人，实际上也正是他自身素质不断提高的过程。

仔细看透别人的心思

若想成功地用准人，你要做的第一件事，就是看穿别人的心。只有这样，才能分清哪些人是可以利用的，才能摸准他们有哪些地方可以被你利用，才能决定你自己应当采用什么样的办法去利用他们。否则，你将碰一个大钉子，撞晕了都不知道撞在什么上了。

看穿别人的心，特别是看穿初次相识的陌生人的心，说难也不难。再高明的人，也会在不知不觉中把自己的内心世界暴露出来，只不过暴露的程度、方式有所不同罢了。因此，你应当学会利用自己的眼睛和大脑，通过观察、分析形形色色的表象，抓住问题的实质。

下面介绍几种在第一次见面时如何看穿别人心灵的方法。

（1）从他打招呼的方式看他的内心

即使是一个看似简单的打招呼，也能给你制造了解对方内心的机会。你可以看看，以下列举的外在表现与所分析的内心世界是否一致。当然这种分析总会有一些例外，但大体上应该是准确的。

一面注视对方，一面行礼的人，对对方怀有警戒之心，同时也怀有想占尽优势的欲望。

凡是不敢抬头仰视对方的人，大部分都是内心怀有自卑感的。

使劲儿与对方握手的人，具有主动的性格和信心。

握手的时候，无力地握住对方的手，表示他有气无力，是性格脆弱的人。

握手的时候，手掌心冒汗的人，大多数是由于情绪激动，内心失去平衡。

握手的时候，如果目不转睛地注视着对方，其目的要使对方在心理上屈居下风。

虽然不是初次见面，但始终都用老套的话向人打招呼或问候。这种人具有自我防卫的心理。

（2）从他的眼睛窥视他的心灵

初次见面的时候，首先将视线朝左右瞄射者，表示他已经占据优势。

有些人一旦被别人注视的时候，会忽然将视线躲开。这些人大体上都怀有自卑感，或有相形见绌的感受。

抬起眼皮仰视对方的人，无疑是怀有尊敬或信赖对方的意思。

将视线落下来看着对方，乃表示他有意对对方保持自己的威严。

无法将视线集中于对方身上，很快地收回自己视线的人，大多属于内向性格者。

视线朝左右活动得很厉害，这表示他还在展开频繁的思考活动。

（3）从他的举动看他的潜台词

人的一举一动，特别是下意识的形体动作，也能向你泄密：

交臂的姿势表示保护自己的意思，同样地，这种动作也能表示可以随时反击的意思。

举手敲敲自己的脑袋，或用手摸着头顶，即表示正在思考的意思。

摸头的手颤动得很厉害，即表示全心全力在思考的情况。

用双手支撑着下腭，大多数的情况都表示正在茫然的思考中。

用拳头击手掌，或者把手指折曲得咔咔作响，就表示要威吓对方，而不是在进行思考的活动。

（4）从他的癖习看他的特性

搔弄头发的癖习，是一种神经质。凡是涉及有关自己的事情时，他们马上会显得特别敏感。

一面说话，一面拉着头发的女性，大体上是很任性的女人。

说话时常常用手掩住自己嘴巴的女人，是有意要吸引对方。

拿手托腮成癖的人，即表示要掩盖自己的弱点。

不断摇晃身体，乃是焦灼的表现，这是为了要解除紧张而表现出来的动作。

双足不断交叉后分开，这种癖习表示不稳定。如果女性具有这一癖习时，就表示她对某位男性怀有强烈的关心之意。

善于把握一个人的本质特点

《六韬》是中国最古老的兵法，里面详述了种种看穿对方心思的方法，其中对选人比较实用的有如下几种，对大家必有所帮助。

问之以言，以观其详，向对方多方质问，从中观察对方知道多少。公司招考新人的时候，必须对应征者来个"人物鉴定"，考官就得向应征者多方查问，这就是"问之以言，以观其详"的方法之一。

鉴定一个人物，不能只流于形式，需要发出足以判定对方真心的问题。

"你的嗜好是?""家里有哪些人?"这一类的问题，就是形式上的问题，对探查一个人的内心，毫无作用。

"你对这个问题有什么看法?""……这一类的难关，换了您，如何去打开僵局?"这一类的问题，就直捣核心，足以使对方的才能、思考力，露出蛛丝马迹，成为判断上的珍贵资料。

又如，身为上司，在遇到重大的问题时，不妨向部属或同事问一句："换了你，如何解决?"

这时候，平时看似应变有方的人，却为之语塞，或是答非所问；而看似不够机灵的人，却能提出迎刃而解的妙方——这种事实，会令你痛感一个人平时的外表和言行不足信赖。

穷之以辞，以观其变，不断追问，而且越问越深、越广，借此观察对方的反应如何。没有自信的人，面对一连串的"逼问"，就惊慌失措、虚言以对，就眼珠骨碌碌转……发问的人，就可从这些表情的变化，判断对方是个怎样的人物。对一件事一知半解的人，在"穷之以辞"的情况下，都会露出马脚。

明白显问，以观其德，把秘密坦率说出，借此观察一个人的品德。

如果听到秘密就立刻转告第三者，这种无法守秘的人，就不能深交，就不能合作，还是避开为妙。

对方是不是口风甚紧或者是否容易失言，只要泄露秘密给他，就知道他是个怎样的人。运用这个方法，往往会发觉平时自诩为"最能守秘"的人，反而是最会泄密的人。从这些反应，我们就能探知对方，是不是值得信赖的。

使之以财，以观其廉，让他处理财务，借此探测清廉与否。

把一个人派到容易拿到回扣的单位去服务，就容易看出他是不是为人廉洁。服务于容易拿到回扣的单位，一些有私心的人即使开头坚决不拿回扣，时日一久，也会随波逐流，见钱眼开。要想试探一个人的清廉与否，只要派他到那样的单位，就会真性毕露。

告之以难，以观其勇，派给他困难的工作，借此观察他的胆识、勇气。平时口口声声"遇事果断"的人，一旦危机临身，往往不知所措，还会满腹牢骚。

个性越是柔顺的人，遇到困难越是仓皇失色。因此，若要试探一个人的胆识、勇气，就得把困难的工作，接二连三地交给他去处理，从中观察他的反应。

醉之以酒，以观其态，请他喝酒，借此观察他的态度。平时守口如瓶的人，"黄汤"下肚就完全变了样，不但满口牢骚，还会猛说别人的坏话，这样的人就可判定他是一个经常怀有不满，甚至忌妒心强烈，有害人之心的人。

以意志坚强、灵敏果断闻名的亚历山大大帝，喝酒之后也会大醉失态，惹了不少麻烦。他在痛下决心之后，只要沾了酒就独处。营帐中，拒绝见人。一代英雄尚且如此，更何况凡人？所以说"醉之以酒，以观其态"，是很管用的"人物鉴定法"。

五、阅人读心之相由心生

俗话说"相由心生"。人，或许可以控制自己的言谈与举止，但绝对控制不了自己的外貌。而外貌恰恰是人内心的显示屏，它能流露出比言行更为真实的信息。假如你能读懂他人的外貌，那么，你也就能更为了解他人的内心。

观相貌，识性格

　　相貌虽是人天生的，但专家研究发现，与一个人的性格有着密切的关系。性格是指人对现实中客观事物经常的稳定的态度，以及与之相应的习惯化了的行为方式。一般情况下，性格的形成都会受到遗传因素的影响，但主要还是在后天的环境中磨炼出来的。并且，在定型之后，具有很强的稳定性，它对人的行为也会产生极大的支配作用。

　　古人云，识人好的面相是：面相威严，富有魄力，意志力坚强，无私正直，疾恶如仇；善于理财，有掌管钱财的能力；颧高鼻丰并与下巴相对称，中年到老年有享不尽的福；脸颐丰腴，颧隆鼻高，晚年更为享福。

　　同时，古人认为不好的面相是：颧高而鬓发稀疏的人可能老来会孤独；颧高鼻皮的人往往会被误认为高傲，或者低能；颧高脸颐瘦削的人，可能会做事难成，晚年清苦孤独。种种误解更增加了脸皮薄的人在交际中的困难。所以，他们在处理问题的时候，往往不敢大胆地去行事，宁愿选择消极应付的办法来解决问题。他们对工作常常但求无过，不求有功，怕担风险。然而，脸皮薄的人并非一无是处。一般而言，脸皮薄者的为人倒是比较坚定可靠的，他们是好属下、好朋友、好同事。

　　人体貌文秀清朗，姿容朴实端庄，神情自若，是聪明睿智灵活机巧的人，做事有创造性和进取心；质朴而不清秀的人则性格内向，性情孤傲，体貌高大，仪表堂堂，生此相者，掌重权，具有很强的决断力和行动力。而厚朴稳重之相，性情温顺和气，行动老练持重。

具有体形孱弱，神色混浊委靡，两肩缩、脖子长、脑袋偏、脚歪斜、凶神恶煞之相特征，他们多属于心地狭窄，性情卑劣的人；体貌形状孤单瘦弱、削薄软弱的人，多性情内向、怯懦，孤僻、意志薄弱，为人处世没有主见、无所适从；粗俗鲁莽之相的人，多性格反常不定、喜怒无常，不能自持。

长着孩子的脸形，却已是年纪不小的成年人，虽然有未成熟的外表却有着老成的表现，看起来使人觉得不协调。此种类型的人，喜欢以自我为中心，而且个性好强，所以也可称为显示性格。

"中年发福"的人，大多正值体力最旺盛的黄金时代。他们能够很优越地顺应周围的人情事事，给人一种温馨，他们多属于活动性的人。这种人虽然常施小计偷懒，但并不被人憎恨，他们中有一大部分人会被周围的人原谅，从而还颇受欢迎。活泼开朗、乐于助人、行动积极、善良而单纯是这类人的性格特征，他们经常保持幽默感，显得充满活力，同时也有稳重、温文的一面。

这种类型的人，有很多是成功的政治家、实业家和临床医师。因为他善解人意，头脑敏捷，拥有同时处理许多事情的才智，这是他们的最大长处。但是，考虑问题欠缺的一贯性，会造成常常失言，过于轻率，自我评价过高，喜欢干涉他人的言行等，则是其缺点。

从气质特征识别对方

　　一个人的气质与自身的行为有着密切的关系，气质往往决定一个人的行为方式，而其行为又表现为与气质相吻合的特征。辨别一个人的所持有的气质，对于合理调配人的行为规范是有相当重要的影响。

　　内在气质不好的人，无论怎样讲究，也表露不出美好的风度。有的人看上去仪表堂堂、神采奕奕，但一个微小的动作，就暴露出其不过是一个金玉其外、败絮其中的"绣花枕头"。这样的人，谁会认为他有气质呢？

　　有句谚语"穿龙袍也不像太子"说的就是这个道理。反之，有的人表面看起来其貌不扬，但所表现出来的气质却是一股难以抗拒的魅力。因此，气质不是打扮出来的，它需要人们在生活中不断地进行内在的培养。

　　从今天的观点来讲，人不是生而知之的，但人确实与先天的气质有一定的关系。要了解那些天生给我们带来的气质特征，对照下列内容可以观其大概。

　　积极型。勇敢刚毅，不轻易输给他人；在别人眼里，都认为他是一个有一定作为的人；不重利，认为得利必有失；坚信自己的信念；善于自我解释；经常积极、活跃地活动，不受自己心情好坏的影响；动手能力较强，自我倾向性强；很难接受他人的意见；做事有一定的恒心，失败了不灰心，顽强奋斗，坚持到底；不受他人情绪好坏影响。

躁郁型。做事冲动，常办错事；经常被他人称为人；遇事不冷静思考，就立即采取行动；能与思维方法不一样、性格古怪的人轻松往来；乐意为别人服务；听到悲伤的话，立即会为之感动；服从分配，上司叫做什么就做什么；对初次见面的人很容易亲近；能轻松地与人谈笑、开玩笑；不别扭，不古怪。

分裂型。大家都娱乐的时候，他会以自己的某一件事而忧虑；不善于交际，独自一人也不寂寞；给人的印象是冷淡，不易亲近；宁愿多思考，也不轻易采取行动；呆呆地好像在思考什么问题；对他人的喜怒哀乐并不介意；进入一个新的环境中，不容易与他人亲近；有时会挖苦人家，但并非恶意；对任何事物总是从全方位的角度去深思理顺，不喜欢在某一规定的范围内去行动；有点神经质，对世俗的反应显得迟钝。

黏着型。与人交往过程中绝不缺情，正义感很强；做任何一件事情，一开始就孜孜不倦，有耐心；经常被人指责为不通融合群；做事毫不马虎；处理事务的时候，原则性很强，但方法不太科学；经常会勃然大怒；专心处理一件事情的时候，在未做完之前，其他事情一概不管、一律不过问；心情好的时候，动作也来得慢；一方面积极、一方面保守；爱好洁净。

否定型。做任何事情都犹豫不决，没有决心做下去；内心再怎么烦恼，但其表情上不会表露出来；自卑感很重；不希望想的事情，偏偏要留在脑子里去想；即使是微不足道的一件小事，也常常表现出恐惧之感；自己做过的事情，时常会挂念在心里；对做过的什么事都没有满意的时候；已经过去的不顺利的事，还永远记在心里，闷闷不乐；

意志消沉，没有耐心；应该说的，不敢说出来。

折中型。平时心情比较低落，但有人安慰时显得高兴、愉快、任性，说话表情有点过分；有时含着微笑讲话，有时却冷淡对人；时常会无缘无故地不耐烦、大发雷霆；相信道听途说，容易接受他人的暗示；喜欢华丽，好摆阔气；有时显得撒娇；多嘴多舌，但感情冷淡；喜好炫耀自我。

概括地说，气质既是内在的修养，又是外在的表现，人可以用知识来弥补气质上的不足，遮掩其中的缺点，并使优点发扬光大。

假如不能观察到这些气质特点，而仅凭一个人的长相选拔人才，那十有八九是会失误的。

发质是个性的重要反映

科学研究发现，头发同人体的其他组织或器官一样，也需要营养，并且所需的营养物质种类有几十种之多。因为头发所需营养全部来自头部的血液循环，所以头发过长，所消耗的营养势必就多，大脑的正常生理活动就会受到影响。从另一个方面来讲，根据每个人的发质不同，也能看出其性格来。

头发很粗，但色泽淡，而且质地坚硬，很稀疏的人。这一类型的人多性格外向，有虚荣心，自我意识极强，刚愎自用，听不进别人半句话，他们不甘心被人领导，追求身心自由但却渴望能够驾驭别人，使唤别人，不给别人自由。自私自利，没有容人的度量，目光比较短浅和狭窄，只专注于眼前，看不到长远的利益，如果不改掉这个毛病，一生将不会有大成就。

头发像钢丝，又粗又硬，而且还很浓密的人。这样的人性格内向，脾气暴躁，疑心比较重，不会轻而易举地相信别人。他们最相信的就是自己，所以凡事都要自己动手，操纵和掌握一切，才觉得放心。他们做事很有些魄力，而且组织能力也比较强，具有一定的领导才能。这一类型的人，理性的成分要大大地多于感性，所以在涉及感情方面的问题时，往往会显得很笨拙。

头发柔软，却极稀疏的人。这一类型的人，性格比较外向，头脑聪明，但没有主见，个性刚强，凡事都要争先，总是以自己为中心，他们喜欢出风头，更爱与人争辩，借此来吸引他人的目光，获得他人的关注。在他们的性格中，自负的成分占了很多，他们妄自尊大，不把任何人放在眼里，尽管自己在某些方面表现得不怎么样，仍自我感觉良好。他们做事的时候，多缺少必要的思考，常会做出错误的判断，而且还容易疏忽和健忘，往往把事情做得很糟糕。

头发浓密乌黑，还和胡须连在一起的人。这种类型的人是男性，性格鲁莽粗犷，耿直无私，豪放不羁，具有侠义心肠，疾恶如仇，喜欢多管闲事，好打抱不平，脾气大大咧咧的，有为朋友两肋插刀的义气。

头发浓密粗硬，却能自然下垂的人。这种人性格内向，心思比较缜密，优柔寡断，喜欢独处，比较敏感，往往能够观察到特别细微的地方。他们的感情比较丰富，虽然容易动感情，但对情感并不专一，属于那种处处留情的人。

头发浓密柔软，自然下垂的人。这一类型的人，大多性格比较内向，话语不多，善于思考。从某种程度上说，他们具有很强的耐性和韧性，这一类型的人所从事的事业多是和艺术方面有关的。

头发淡疏，粗硬而卷曲的人。这一类型的人，性格沉稳，很有城府，有知识，思维比较敏捷，善于思考，并有很好的口才，能够很容易地说服别人。意志坚强，他们的性格弹性比较大，可以说，能屈能伸，能很快适应各种环境。但他们的能屈能伸是在坚守一定的原则和基础之上进行的，所以无论外在的东西怎样多种形式地不断变化，其内在还有一些稳定不变的东西。

秃顶的人。这种人比较聪明，性格憨厚，善于思考，才思敏捷，为人处世随和大方，心地善良，比较务实，有很强的责任感。

头发自然向内卷曲，如烫过一样的人。这一类型的人，脾气大多比较暴躁，粗鲁无礼，敏感多疑，而且疑心比较重，总是患得患失，在犹豫和矛盾中挣扎，除此之外，忌妒心还很重。

发根弯曲，发梢平直的人。这一类型的人自我意识比较强，处处炫耀自己，爱吹毛求疵，说话不经考虑，放荡不羁，厌恶被人约束和限制，不会轻易地向他人妥协。

头部动作折射出的心理信息

头是一个人的重要组成部分。事实上，大家可以从"头"开始，去了解一个人各方面的情况。头为人的神明之府，人的智慧都集中在头部。所以观头识人智慧应该说是比较科学的。

人们常说情急之下不顾"头"不顾"尾"，这本能的反应说明，头是一个人的重要组成部分，通过观察一个人的头部，能够了解到很多的信息，因为从某种意义上说，头就是心灵的指挥官。

首先是头的形状。

四方头。这样的人喜欢运动、性格活泼、精力充沛、不受拘束、追求自由、勇于探索，对野外运动情有独钟。他们不爱谈理论，而讲求实际，因此，一旦发表意见，就是非常有用的建议。

长方头。喜欢交际，擅长外交，态度温和有礼，友善和气，很聪明、机警。这种人想要达到目的，决不动用武力，而会用他的外交手腕、机智、计谋。他们中的大多数人适合做一名外交家、推销员。

尤为致命的弱点是，缺乏应有的魄力与行动能力，往往是有计划而无实际的行动。通常是善于挣钱却不善于理财，钱在他们的手里常常不会成为升值的工具。

圆形头。这种人永远是乐观的，对一切都感到安然惬意。和蔼、幽默、可亲可敬的标志。在生活中，这种人天生喜欢享受，喜欢吃，

喜欢睡，结果身体愈胖愈不免懒惰。假如女性有这种头形，倒成为男人追逐的对象，他们最适合从事行政、管理、财会等职业。

三角头。此头型的人前额高而宽，下巴尖，脸形如一个倒三角形。智商高，勤于思考，善于逻辑推理，爱好读书及绘画、音乐等，创造力很强。由于不愿意到户外去活动，因此，常常会感到体质较弱，整日像在无精打采的精神状态下。他们不喜欢体力劳动，有拍案而起的气魄，易冲动。

新月头。其最大的优点是谨慎，他们从不盲目听信他人的话，沉着冷静，一般不会鲁莽行事，而且往往办事比较果断。他们办什么事情，都前思后想，他们属于一旦行动，就会成功的人。

平直头。拥有这种头型的人，如果鼻梁再挺一些，那么他们就是智慧型人才，往往是成功的代表。假如鼻梁下陷，鼻孔上仰，那么经历就较为坎坷。研究表明，他们反应比较迟钝，无论做什么事情，失败的可能性比较大。他们也可能小有成就，但屡有波折。

其次是头部动作的内涵。

将头部垂下成低头的姿态，它的基本信息是"我在你面前压低我自己"，但这不限于居下位的人。当同事或居上位者做此动作时，它的信息乃是以消极的方式表达"我不会只认定我自己"，然后变成这样的信息："我是友善的。"

头部猛然上扬然后回复一般的姿态。这动作实际是初遇但还不十分接近时，它表示"我很惊讶会在这儿见到你"。惊讶是关键性的要素，头部上扬代表很吃惊的反应。用于距离较远时，头部上扬是用在彼此十分熟悉的场合，其时机是当某人突然明了某事物的要旨而惊叹"哦！是的，那当然"的一瞬间。

颈部把头猛力转向一侧，再使它回复中立的位置，这是单侧的摇头，同样传递"不"的信息。头部半转半倾斜向一侧是一项友善的表示，仿佛是同路人的打招呼，传递的信息是"你与我之间，这蛮好的！"

颈部使头部从感兴趣之点往侧面方向移开。这基本上就是一项保护性的动作，或把脸部移开以回避对身体有威胁的事物，在特殊情况下，这个动作可借着掩饰脸部而隐藏自己的身份。

颈部驱使头部向前伸并朝向感兴趣的方向。这个动作既可满怀爱意，也可满怀恨意。前一种情况是：两个相爱的人，伸长脖子深情专注地凝视对方的眼睛；后一种情况则像两个冤家伸长脖子，探出头部以表示他们不畏惧对方，而且瞪视对方如同洞察对方的眼睛；第三种情况则出现在某人渴望吸引你全部的注意力之时，因此，他会探出他的脸，以阻挡你去看其他任何可能吸引你的东西。

当人们突然把头低下以隐藏脸部时，也可用来表示谦卑与害羞。在心怀敌意的情况下，把头低下则具有全然不同的意义，表示头部有紧迫的负荷，在此情况下，其主要差异在于眼睛向前瞪视敌人，而不是随着脸部而下垂。

抬头是有意投入的行为。职员进入领导的办公室，站在领导面前，注意到领导的头正低着在桌上写东西。假如他对眼前的人物有畏怯之感，那么他会静静地站在那儿，直到领导把头抬起来看他，这么简单的动作，就足以促使职员开口讲话。

头部后仰，这是势利小人或十分有自信的人鼻子朝天的姿态。一个人会把头部后仰，其情绪变化包括：由沾沾自喜、桀骜不驯到自认为优越而存心地去违抗。基本上来看，具有这种姿态的人是挑衅的仰

视而不是温顺的仰视。

头部歪斜，这个动作源自幼时舒适的依偎——小孩把他的头部依靠在父母的身上，当成年人（通常是女性）把头歪斜一侧时，此情此景就像在想象中的保护者身上一样，如果这个动作是用于玩弄风情，那么头部歪斜便有假装天真无邪或故意卖俏的意味，即表示在你的手中我只是一个小孩，我喜欢把头靠在你的肩上。

眼睛透视对方的心灵

眼睛是心灵的窗户，眼睛里隐藏着内心的诸多秘密，要在最短的时间内看透对方心理，不妨先从眼睛开始解读对方。

大眼睛，这样的人的眼睛清澈明亮，反射出一种永远好奇的模样。他喜欢尝试任何事情，即使某件从前做过许多次的事，让他做起来都仿佛从没做过一般。睡觉是少数几件令其憎恨的事，因为他讨厌闭上眼睛，即使只闭上一秒钟，其也老大不愿意，因为其怕错过某样东西。

深眼睛，假如一个人眼睛嵌在脸庞的后方，四周有强而有力的眉毛和高高的额骨包围，表示这个人喜欢探究，仿佛周遭的一切都经常处在一面放大镜的下面。其擅长区分极细的细节，可以侦测出一个人个性中的小缺陷。就因此原因，这个人非常挑剔，除非相当特别的人，否则很难进入他的生活中。

两眼相近，这样的人是那种在某一方面能够取得相当成就，但又因为在另一方面未得到他人认同，而沮丧万分的人。他一直认为自己总是在最好的时机上，做了错误的选择。不过，他却又马上指出，这绝大部分是因为别人给了自己不恰当的建议。在他心中，自己怀疑每一个人。事实上，他的疑心病严重到连对待自己都小心翼翼。

两眼分得很开，这个人很有良心，凡事替别人着想，对人生看得很开。虽然他朝着自己的目标前进，但并不因此而盲目，也不因此局限了自己的视野。他乐于帮助他人，一点儿也不忌妒别人。受其帮助的人，经常问他该如何回报。那些人并不知道，让这个人帮助他们，便是他们给他的最大回报。

眼皮沉重，这样的人就像宠物一样可爱。想睡觉的眼睛也是这个模样，因此，睡觉成为他离开人群最好的借口，因为沉重的眼皮，看起来就像只能上床睡觉。不须多说，这人说话必是轻声细语，行事轻松自在，但保守退缩。

直眉眼相距远，这样的人很大胆，而且能够一眼看穿任何人。他们灼热的眼神很容易便能够穿透，甚至粉碎大多数人的保护网。其喜欢证明自己有权威，而且常常会这么做，他时常不说一句话，却以冰冷、可以洞悉一切的眼神，凝视着自己的对手，其有一颗深思熟虑和逻辑性强的心。

眼睛上扬，是假装无辜的表情，这种动作是作证自己确实无罪似的。目光炯炯望人时，上睫毛极力往上压，几乎与下垂的眉毛重合，造成一种令人难忘的表情，传达某种惊怒的心绪，斜眼瞟人则是偷偷地看人一眼而不愿被发觉的动作，传达的是羞怯腼腆的信息，这种动作等于是在说："我太害怕，不敢正视你，但又忍不住地想看你。"

眨眼，眨眼的变型包括连眨、超眨、睫毛振动、挤眼睛等。连眨

发生于快要哭时，代表一种极力抑制的心情。超眨的动作单纯而夸张，眨的速度较慢，幅度却较大，眨的人好像在说："我不敢相信自己的眼睛，因此，大大地眨一下以擦亮人们，确定我所看到的是事实。"睫毛振动时，眼睛像连眨一样迅速开闭，是种卖弄花哨的夸张动作，好像在说："你可不能欺骗小小的我啊！"

挤眼睛，挤眼睛是用一只眼睛使眼色表示两人间某种默契，它所传达的信息是："你和我此刻所拥有的秘密，任何其他人无从得知。"在交际场合中，两个朋友之间挤眼睛，是表示他们对某项主题有共通的看法或感受，比在场的其他人都很接近。假如两个陌生人之间挤眼睛，则无论怎样，都有强烈的挑逗意味。由于挤眼睛意含两人之间存有不足为外人道的默契，自然会使第三者产生被疏远的感觉。因此，不管是偷偷或公然的，这种举动都被一些重礼貌的人视为失态。

眼球转动，眼球向左下方运动，心灵自言自语；眼球向右下方运动，感觉自己的身体；眼球左或右平视，弄懂听到语言的意义；眼球向左上方运动，回忆以前见过的事物；眼球向右上方运动，想象以前见过的事物；正视，代表庄重；斜视，代表轻蔑；仰视，代表思索；俯视，代表羞涩；闭目，思考或不耐烦；目光游离，代表焦急或不感兴趣；瞳孔放大，兴奋、积极；瞳孔收缩，生气、消极。

眉毛的动态呈现了心境变化

　　眉毛位于两只眼睛之上，就像一对亲兄弟，因此，眉毛长得是否对称，容易让人联想到兄弟是否和睦，与人的关系是否融洽。一个人眉毛长得是否对称，与他性格和能力有一定的关系。古人经常根据眉毛的长短来判断人的寿命的长短，这是很难加以论证的，虽然我们不可拘泥于此，但这也从另一个侧面反映了通过观察眉毛，我们能得到更多的信息。

　　所谓粗眉毛就是人们常说的浓眉毛。包括浓眉毛在内的各种各样的人，从性格上可以分成"积极型"和"消极型"两大类。浓眉毛的人属于"积极型"，给人留下的印象却是个性很强。与此相对，红眉毛的人给人留下的印象往往相反。

　　从日常观察中，我们会看到这种现象，多数男性的眉毛是直线形与前面所说的浓眉毛一样，也属于积极型。那么，那些长着近似于女性的曲线形眉毛的男性的性格又是怎样的呢？他们大多是具有女人的气质。道理虽然如此，但是，现在有了能使淡细的眉毛变得又粗又浓的荷尔蒙激素、"眉毛促生药"，还有所谓的"物理疗法"。由于上述种种后天的人为因素能改变人的眉毛的形态，我们只有在人们尚未采取上述种种人为的措施前来研究眉毛与性格的关系，才能得出准确的结论，否则，难免出现谬误，因而我们不要过分注重眉毛，但也绝不

可以忽视眉毛的作用。

对眉毛的要求有四个方面，即"清秀油光"、"疏爽有气"、"弯长有势"、"昂扬有神"，也就是说，眉毛应该有光、有气、有势、有神。在这四个方面，清秀油光显得尤为重要。一个人的眉毛，如果能够油光闪亮，就像珠宝那样熠熠生辉，价值连城；如果暗淡无光，就像珠宝黯然失色，可能就一钱不值了。

眉毛有光亮，显示这个人的生命力比较旺盛。通常的情况是这样：年轻人的眉毛都比较光润明亮，而老年人的眉毛往往比较干枯而缺乏光彩。这就是因为年轻人生命力旺盛，而老年人生命力开始衰退。

眉毛的光亮可以分为三层：眉头是第一层，眉中是第二层，眉尾是第三层。层数越多，等级越高，给人的印象越好，得到他人的提携越多，成功的可能性越大。因此，人们认为眉毛有光亮的人运气特别好。

眉毛有气象有起伏，给人一种文明高雅的感觉。眉毛短促而有神气，也给人一种气势。如果眉毛太长而缺乏起伏，就像一把直挺挺的剑，就会让人觉得过于直白。这种人的脾气比较火暴，喜欢争强好胜，一辈子都是自己把自己搅得不得安宁。如果眉毛太短，甚至露出了眉骨，又缺乏应有的生气，就会给人一种单薄的印象。这种人让人感到不舒服，有人无端地跟这样的人过不去。

眉毛长而有势的人会成功，正如古人所说的"一望有乘风翔翔之势"。可以这样说，这种眉毛具备了光亮、疏朗、气势和昂扬的优点，给人留下一种很好的印象。人们认为，这种人把"立德、立功、立言"三不朽全占了。一个人即使只有其中一项，也会叫人刮目相看，而三项都占的人自然容易成功。所以，在观察一个人的时候，观察他的眉毛是非常必要的，尤其是在眉毛运动的时候，下面让我们具体分析一下，这对把握一个人的心理是有帮助的。

皱眉所代表的心情可能有好多种，例如，惊奇、错愕、诧异、快乐、怀疑、否定、无知、傲慢、希望、疑惑、不了解、愤怒和恐惧。

一个深皱眉头忧虑的人，基本上是想逃离他目前的处境，却因某些原因不能如此做。一个大笑而皱眉的人，其实心中也有轻微的惊讶成分。

两条眉毛一条降低、一条上扬。它所传达的信息介于低眉和扬眉之间，半边脸显得激越、半边脸显得恐惧。眉毛斜挑的人，心情一般处于怀疑状态，扬起的那条眉毛就像是提出一个问号。

眉毛打结，指眉毛同时上扬及相互趋近，和眉毛斜挑一样。

这种表情通常表示严重的烦恼和忧郁，有些慢性疼痛的患者也会如此。急性的剧痛产生的是低眉而面孔扭曲的反应，较和缓的慢性疼痛才产生眉毛打结的现象。

从某些情况而言，眉毛的内侧端会拉得比外侧端要高，而成吊梢眉似的夸张表情，一般人假如心中并不那么悲痛的话，是很难勉强做到的。眉毛先上扬，然后在几分之一秒的瞬间内再下降，这种向上闪动的短捷动作，是看到其他人出现时的友善表示。它通常会伴着仰头和微笑，但也可能自行发生。尾毛闪动也常常见于一般的对话中，作为加强语气之用。每当说话时要强调某一个字的时候，眉毛就会扬起并瞬即落下。比如，不断在强调："我说的这些事都是很惊人的！"

眉毛连闪，是表示"哈啰！"连续连闪就等于在说："哈啰！哈啰！哈啰！"如果前者是在说话的话，大多数人讲到要点时，会不断耸起眉毛，那些习惯性的抱怨者絮絮叨叨时就会这样。

从嘴巴动作观察人的性格

好马长在腿上，好人长在嘴上，这恰当地说明了嘴巴对人有着十分重要的作用。这句话的两层含义：一是说人的嘴长得好看，正如女子长有好看的嘴会被称为樱桃小口，因为小口而飞黄腾达、留名史册的女人很多，强调的是嘴巴的视觉功能；二是嘴巴能花言巧语和雄辩，就像战国时期的苏秦，他就凭借自己的一张嘴巴，完成了游说六国的任务而统率六国。

谈吐清晰、口齿伶俐的人。这种人，一般能说会道，给他人的第一印象是嘴上功夫了不得。这种人通常会有两种不同的极端，要不才华横溢，要不泯然众人。前者能够靠着自己丰厚的知识底蕴，说出的话有根有据，不容辩驳，口若悬河；后者则截然相反，他们说的话虽多，却是长篇累牍，像老太太的裹脚布——又臭又长，不堪一击，但他们也有敏捷的思维、机智，在交往过程中没有半点的迟钝和呆板，拥有极为广泛的社会关系。

嘴巴抿"一"字形的人。这种嘴形是在要做出重要的决策，或在事态紧急的情况下常有的嘴形。这类人一般都比较坚强，具有坚持到底的顽强精神，面对困难不会临阵退缩，而是一个劲地想战胜对方。他们也是倔犟一族，每件事都经过深思熟虑而采取行动，这时候谁也阻挡不了他们。他们有不到黄河心不死、不到长城非好汉的心理，所以较有可能获得成功。

说话时用手掩嘴的人。这种人属于腼腆类的人，不会将自己轻易地或过多地呈现在众人面前。尤其是他们在陌生人或关系一般的人的面前会一言不发。他们比较保守好内向，他在与人进行交往的过程当中，极力掩饰自己真实的感受。另外一个意思，还表明可能是自己做错了某一件事情，而进行自我掩饰，张嘴伸舌头也有这方面的意思，但也不表示后悔。

口齿不清、说话迟钝的人。这种人性格比较孤僻，一般在语言表达方面缺乏训练，不喜欢人多的地方，经常独处自我陶醉，结果各个方面都无法得到真正的锻炼，表现也非常平庸，这样的人若想获得很大的成就，可谓是不易。

属于"不鸣则已，一鸣惊人"的类型。有一句名言说得好：沉默的人总是最危险的人。在别人夸夸其谈的时候，他们通常是沉默寡言，但在脑中却不停地进行着思考，他们说话不多，但大多是一鸣惊人。

牙齿咬嘴唇的人。这种人常有的交谈动作是，上牙齿咬下嘴唇、下牙齿咬上嘴唇或双唇紧闭。他们给人的感觉就是他们在聚精会神地交谈，而他们也正是在聆听对方的谈话，同时在心中仔细揣摩话中的含义。他们一般都有很强的分析能力，遇事虽然判断迟缓，但一旦形成决定，则会滴水不漏。

嘴角上挑的人。这种人性格外向，机智聪明，与人能言善辩，善于和陌生人主动打招呼，并快速地进入亲切交谈的角色。他们胸襟开阔，有包容心，对曾经伤害过自己的人并不记恨。有着非常良好的人际关系，在最困难的时候常常能够得到他人的支持与帮助，属于吉人自有天相的人。

从下巴的形状与动作看人

下巴是一个人五官中最不引人注目的地方，但下巴的动作极为细腻，能左右他人的印象，因此，从一个人的下巴可以看出一个人的性格。

尖下巴。这种人性格外向，争强好胜，过于骄傲，优越感、自尊心强，常带否定性的眼光或敌意的目光看人。

圆下巴。这种人性格保守，不思进取，疑心病很重，不轻易相信别人。

方下巴。这种人做事多比较小心和谨慎，能够很好地完成某一件事。但这种人多比较封闭和保守，而且疑心很重，在一般情况下不会轻易地相信别人。

胖下巴。这种人性格外向，心高气傲，具有强烈的优越感，且自尊心很强。

对第一次见面的人，如果你想对他有所了解，比如看穿他当时的心思，只要观察一下他的下巴就可知道个八九不离十了。

下巴的动作虽然极为细腻，但却能左右他人的印象。站在镜子前，将下巴抬高或缩起，会产生不同的判别印象，下巴抬高时，胸部及腹部都会突出，有骄恃、自大的样子；反之将下巴缩起，稍似驼背，个性上显得很懦弱、气馁，若此时观察对方，将会发现其眼球向上翻滚，仿佛怀疑心重。

我们可从各种场合注意对方下巴的角度。

第一，下巴抬高。这种类型的人属于心高气傲，他们从来都觉得自己是办事的高手，一旦出手就没有丝毫错误，即使客观事实摆在眼前，也会强词夺理进行辩论。他们有着非常高的优越感，仿佛自己是个亿万富翁似的。他们的自尊心很强，不允许他人对自己有半点的亵渎。他们爱面子，有时以拒绝承认别人的成绩和荣誉来维护自己的面子，否定别人成功可以提出有一千条的理由。

第二，下巴缩起。此类型的人小心谨慎，胆小怕事，能够全力以赴去完成某一件事，所以手头工作总能办得很到位。但他们只注重自己眼前的工作，而且由于保守与传统而故步自封，同时不善于接纳他人，常常由于对人没有信任感而拒绝与人交往。

从上面的文字叙述中，我们已经看出，人的个性和心理，往往反映在他们的下巴上。下面我们将进一步讨论有关下巴的功能和语言学上的问题。

当然不能单独看下巴，还要把下巴作为下颚的主宰而观察整个下颚。下颚就人类或动物而言，乃担任发声或咀嚼的器官，从外形上看来，男性多带有稍许棱角的下颚与颧骨。实际上，下颚形态的男女差别具有相当的决定性，所以，男人不论如何改装成女人，其下颚也无法蒙骗人们的眼睛。而且，下颚也决定了声音的性质。譬如，电视、电影的幕后配音者，何人担任哪一角色的配音工作，据说也是取决于下颚的形态。

此种人类与生俱来的下颚形态，乃是用以推测某人的一般倾向之手段，譬如："拥有意志坚强的下颚者"或是"尖细的下颚表示神经

质"之类。为探讨对方现在想些什么、想要表达什么时，单凭下颚的外观形状是不够的。唯有留意下颚的动作，才能解读身体言语上的意思。

提及下颚的动作，我们最容易注意到的，即是"突出"、"收缩"的动作。处于极度疲乏的状态，一般人便会做出"伸长下颚"的动作；除了此种由于肉体上的要求而表现出来的姿态以外，"突出下颚"的动作，一般而言，不论男女，均属具有攻击性的行为，可视为一种想表示"扑向前去狠揍一顿"意图的动作。迪斯蒙得·摩里斯曾经说明"突出的部位，表示带有意图侵略对方势力范围的性格"。下颚的突出亦复相同，乃是用来作为自我主张的工具。因此，突出的程度越大，则其自我主张的程度也就越高。譬如，"颐指气使"之类的表现，采取此种动作，也是自认对方属下辈或自己很明显地处于优势，且很有把握自我主张必然完全推行时，所表现出来的身体语言。

另外，下颚突出不明显的男性，乃是欠缺自我主张之人，此种说法也是源自同一的论点。

像此种由下颚的突出以表现的自我主张，利用不同形状而表现出来者，即是"络腮胡"。胡子也是使下颚更加突出，以表现自我主张的象征。在我们身边想必也有不少蓄留胡须的人，但是一旦跟他深入交往，很意外地可以发现这种人多半属于懦弱，缺乏个性的人。此种类型的人，即是想将他在语言、态度上不能表现自我主张的部分，用蓄胡须的行为得到补偿。

除了此种下颚本身的动作之外，尚有利用手之类接触下颚的动作。

"抚弄下颚"的行为，因应各种状况而有种种不同的意义。从身体学的观点而言，此属于自我亲密性的表现。亦即，丧失自信、不安、孤独、话不投机的尴尬等场面，借接触自己的肉体，以掩饰心态，安慰自己。

从耳形看对方

有些人，他们耳形似乎存在，但肉质却松软无力，轮廓虽然分明但耳垂不丰润。这种人做事死板，遇到困难少有人相助，很难成就大事。

还有一些人，他们耳小鼻大。这类人有很强的自我意识，无法容纳别人，人际关系很差，因而无贵人相助，一生劳碌。他们尽管忙忙碌碌终究是入不敷出。这类人一生难聚财，即使在商海中也多是赔本赚吆喝的主。有一种人的耳形很大，且没有光泽，耳唇过薄且尖而小。他们缺衣少食，到了晚年更为凄凉，更无晚辈属下的缘分。他们很适合当基层人员，而不适合当老板或主管。

耳形极小，而且耳朵不正，外轮收而不放又无垂珠。这种人一般易招惹麻烦，大多成为盗贼，喜投机或以开立公司为幌子招摇撞骗，必须对他们提高警惕。

耳朵耳形过大，但双眼极小。这种人没有福禄之命，心地不开阔，事业上也是一波未平，一波又起，所以不会有什么事业。

耳朵外无形，内又无形。这种人平生命运不济，难成事业，并不善终。实际上，他们做事毫无条理和缓急先后的概念，所以，计划对

他们来说应该是第一要著。

耳朵虽然轮廓分明，但耳肉薄削见骨。这种人即使有所成就，也是名多于利，不适合从商，只适合从事文学、艺术方面的职业。如果耳相好但鼻尖不丰者，他们一样是徒有虚名。

耳朵的耳轮向外反，耳廓露在外面。这种人虽精明干练，但缺乏财务成本概念，往往因意气用事，而在刹那之间转向厄运，让事业毁于一旦。不过，耳反的人如果能贴脑，则事业有成而财源有道，一生富足。

耳朵不是一种脉络，只有上耳外轮而无下耳外轮。他们一生颠簸，事业时成时败，研究表明，这种耳相代表上火下水不济，因此他们性情时常反复，一生漂泊不定，很难稳定在某一事业上。

尽管耳轮外反耳廓显露，但耳贴脑又有垂珠。这种人一生事业有成但属大器晚成型。为人也属于愤世嫉俗型，往往对世态炎凉发出感叹，人情较薄，是很难相处的人。

耳朵的耳内廓向外反，耳外廓又无轮，额头横纹乱布，且两眉间有继纹。他们很可能自青少年时期开始，就运势不顺，人际关系和财运也差。所以，平淡的一生中还点缀着郁郁寡欢。耳郭、耳轮或耳孔内生有黑痣、黑斑，再加上眉鼻相理不良。这种人属于感性中人，很可能会惹上是非之灾而出现于法庭。

耳朵的位置高于眉的位置。这种人智力高超，思想纯正，少年时就可能拥有名利，如其他五官配合得宜，则表明他们必将在商场上成为闯将；另一方面，若他们耳高于眼，且其他五官配合得当的话，也代表他们统御才能超群，官途财运必然亨通。

六、阅人读心之解析衣饰

　　看一个人的外表是无法完全洞悉其本质的，不过再审视他的衣着打扮，便可做出一个大致判断。衣着是思想的形象，这和有钱没钱无关。有的人衣着破烂，甚至丑陋，但其中却渗透着一种奇才的气质；有的人堂堂仪表，却是"金玉其外、败絮其中"……所以，要想迅速掌握他人的性格与爱好，就首先要从其衣着打扮看起。

从穿着风格识别对方心理

郭沫若曾经说："衣服是文化的表征，衣服是思想的形象。"人的穿着风格，不仅衬托了一个人的容貌、气质与风度，更反映了一个人的素质与修养。穿着风格是人内在美的一种外在表现形式，它是一种不出声的物体语言，它可以传递人的心态、性格、爱好及身份等多方面的信息。

喜欢朴实服装的人：坚韧、有计划，但运数不佳。

公司职员和银行职员等，大概是由于职业的关系，大多喜欢穿朴实的衣服。这类人从表面现象上也是朴实的。这类人大部分属于体制顺应型。在朴素当中，也有一些豪华的特征。而且，他们在自己的容姿上也有相当的自卑感。相反，喜欢豪华服饰的人，是自我显示欲和金钱欲望都强烈的人，同时也具有歇斯底里的性格。

这种类型的人，利用自己的特性发展适合自己的职业一般毫无问题。有些虽不是体制顺应型的人，但为生活不得已勉强穿朴素服装。

很多公司注重制服，这完全把人的个性压制住了。不让个人穿自己所喜欢的服装。在欧美人的眼中，把东方人这种形态视为工蜂或经济动物。由此可知，欧美人对于服装按照自己的个性，自由自在地去选择穿着，是个性的一种充分体现。

平时喜欢朴实服装的人，但在某个豪华的场合上，你却看到他盛装而入，这种人就要引起人们的警觉。这类人可能十分单纯，也可能颇有心机。他对金钱的欲望非常强烈，对别人的批评也非常在意，很难接受别人对他的意见，对这类人要小心说话。

穿着朴素衣服的人向来非常小心，任何事情都有计划性，并且以注意诚实不欺者为多。另一方面，这种人外表看起来诚实，其实对酒色特别着迷，以致家运不好。应付这种类型的人，不要显示出攻击心。其次，这种类型的人人情味非常浅薄，是重视现实的人。

喜欢粗糙风格的人：特立独行型，用人不得法。

粗糙风格就是不打领带的人，"领带好像是会束缚脖子，我不喜欢"，这种型者大概喜欢粗糙风格，这种人像"一只狼"喜欢独来独往。

在穿着上喜欢不修边幅的人，大都是活力四射的精力旺盛之人。

这类人不喜欢久居人下，喜欢领导他人做事，其用人的手法一般不是很高明。这种人不适合从事薪水阶层的工作，大多数人都是脱离薪水阶层，单独到社会中去做生意或自由闯荡。

因由某种职业特点的限制，许多人被迫打起了领带，假如一位主管有意无意对下属提起对打领带的看法，如果他回答是不喜欢打领带，那么就可能说明他对现在的处境不满意，有另起炉灶的意图。

喜欢蓝色、蓝紫色服装的人：待人虽温和，但自尊心强。

喜欢穿此种颜色服装的人，其性格是缺乏决断力、实行力。这类人说话比较啰唆，缺乏责任感，由于这类人不善于表露自己的情感，是自尊心非常强烈的人。

这种人与人相处时，如果你缺乏观察的眼光的话，会感觉这种类型是"很好的人嘛"！其实这种人缺乏人情味。假如这种人是你的上司，当你经过数次请客与某公司进行的交易成功时，他就会讲话："这件事情怎么没有预先报告，你自行交涉是不对的。"总而言之，这种类型的上司没有培养部下的能力，并且也不喜欢把功劳让给部下。

按照他的意思是："在请客方面花很多钱，不如把所花的钱直接送给谈生意的人更为有效。"这种想法是喜欢这类色彩服装的人特有的想法。

喜欢穿白衬衫的人：缺乏爱情，清廉纯真，是个现实主义者。

其性格特征是缺乏主动性、判断力。他们在色彩感觉上、在扮装上都非常优秀；相反地，不论对什么服装，只要穿上白衬衫都能相得益彰。白色确实与任何颜色的服装都能搭配吻合，关于这一点没有什么异议。同时，白色是表示纯真的颜色。

白色与任何颜色都能搭配的优点，当然也能给人一种亲切感，但这种类型的人"穿什么都可以"，就是说对服装不受拘束，在性格方面是属于爽直派的。诸如此类穿白衬衫职业的，比如裁判官、医生、护士、公司的职员等各行各业的职业者，当你看到他们的第一印象都是缺乏感动性，尤其在感情方面和爱情方面。

这类人容易自以为是。对于自己喜欢从事的工作，他会一意孤行地追求和实现。在生意场上，往往是个躁动分子，极有可能与他人起冲突，随时有动干戈的事发生，在交际场合，遇到这类穿着的人要有戒备之心。他们总会为自己的失误找出各种借口，没有什么话题可言，除重要的事交涉后，关于酒色话题一般不参与言论。有喜好穿白衬衫习惯的人，总是以工作为人生的支点，是不折不扣的现实主义者，对工作有一贯认真的态度。在茫茫众生中，总有一些脚步匆匆、马不停蹄的人，他们享有较高的社会地位，为了维持自己的"白领"形象，他们无时不在为工作做出努力，他们是上司眼里的精英、下属心中的"怪物"。

喜欢穿黑色服装的人：爱憎分明，但个性非常温厚。

有的人说，穿黑色服装会使人精神紧张，也有人说，黑色服装是仅仅能在结婚、丧葬及祭祀的仪式中穿着的服装。

此种类型的人的性格特征是：对别人的态度不温柔，很难接近。

但假如了解了他的心理之后，你会发现他是个非常有趣的人。这类人大多都有点罗曼蒂克的气质，这类人性格通常多是温柔善良，为人忠厚，且具宽容的气度。在商场上遇到这类人时，你必须对他持诚实的态度。他让你办的事，能够办到的话，你一定要立刻付诸行动，让他从实际中了解你，然后成为他的朋友和合作者。

对人依赖心非常强，是喜欢穿黑色服装人的短处。这种类型的人在性格上不喜欢半途而废，任何事情都要彻底弄明白，看起来好像是个乐观的人，实际上是为了隐蔽某一点，因此，花费很多心思来表现大方之处。这种人实质上有纤细神经的一面，经常处于着急状态。

喜欢穿背后或两旁开衩上衣的人：具有领导气派且自我显示欲非常强。

或许我们会经常碰见西装笔挺的绅士，英国制的西装，带花纹的领带，小羊皮或羔羊皮鞋、珍珠袖口、瑞士制的手表，镜框是高级的舶来品，连打火机也是世界上驰名的名牌商品。像这样的人，在你所

147

见者之中一定是不乏其人。

这类人一般会给人以商界大亨或来头不小的感觉，并且这类人一般极具有伪装性，他们大多以侠义中人自居，借以表示领导者的风范，但这种人常常让人失望，并不真是具有侠义之气的人。但这类人的金钱观念比较淡薄，对长期的交易没有多大兴趣，往往特别注重短期的交易，具有追求一夜暴富的倾向。

一旦以信用为主进行交易时，必须详细调查对方的底细。一方为了慎重起见想暂停交易的话，对方则会施以威胁法。若一方采取冷静态度，对方会急变为软弱战术。

这类人士会对人做过多的许诺。此时，你应委婉推辞为上策。其实这种人的性格是神经质，疑心重、忌妒心强、独占欲旺盛，喜欢装饰外表并且好玩的典型。然而，观其面貌又是一副诚实的模样。

喜欢穿粗直条整套西装的人：对自己没有信心，喜欢摆空城计。

在一般薪水阶层人士的穿着习惯中，很少看到穿蓝色粗直条西装的人。大多数是自由职业者，为了掩饰职位上引起的感觉不安，才喜欢穿这种整套的西装来隐藏内心的动向。

这种人的特征是流行时尚的发烧友。由于对自己没有信心，又恐怕被别人发现，或者因为情绪上的孤独不安时，才会穿上粗直条整套西装。

与这种类型的人接触时，绝对不能攻击对方的缺点。如果言谈之间的内容不假思索的话，会受到对方的攻击，因此，需多加注意。例如，对方不幸的事情，一定要绝口不提。"你的名誉真是狼狈不堪"或"那是命运"，诸如此类占卜书那种口吻绝对要避免，因为这种人最不喜欢占卜。

因此，对这种人不要多讲话，按照对方说话的语气去调整，尽量不要指责其缺点，并且要不时地夸赞他。这种类型的人性格有点类似女性。实质上这种人头脑非常单纯，所以，你应当避免去激怒对方。

喜欢舶来品的人：有自卑感，但善于奉承人。

对于喜欢这类穿着习惯的人，绝不能轻易从外表上判断其为人。

有的人在任何场合都喜欢从上到下都是舶来品的装扮。这类人和他人打交道时，这类人大多都冷酷无情，即使外表看起来非常密切的人，事实上他们之间的关系，肯定不乏利害关系联结着。

这种人对生意上的事情非常敏感。当自己处于不利地位时，会立刻寻找外援，而一旦失手，则会诿过于人，对于这类人，要有警惕性。

假使你的朋友中有喜欢舶来品者，这种人对流行很敏感，另一方面对自己又缺乏信心，借用舶来品来装饰自己。这种类型者多数是孤独、情绪不安定且有自卑感，最好不要去揭穿他们的自卑感。

穿着马虎的人：缺乏机密性、计划性，但有实行力。

在穿着方面有非常马虎习惯之人，是可以从如下方面进行判断的。有的人上装着英国的名牌西装，脚登一双意大利皮鞋，而却系着一条非常粗俗领带的人，这种穿着不得要领，疏于考究的人，就是穿着习惯上非常马虎之人。他们的特性就是与众不同。

这类人通常富有行动力，对工作抱有热忱之心。

假如在同事或晚辈之中有这种类型的人，对你而言，并不是件好事，这类人虽然富有行动力，得意之时，他会高踞在上，失势之时，他又畏缩不前，是一类非常麻烦的人。

　　这类人，一旦下决心从事某项工作，就会一贯如注，有始有终。

　　如果你和这类人相处的时候，一定要掌握分寸，有距离的尊敬，因为他听到异己之言便会恼羞成怒，对于这类人，不宜采取责备的口吻或刺激性语言，让他对你造成不必要的妨碍。与这类人有生意上往来的时候，你的胜算相当低。如果你必须与这类人打交道，你就要学会使用自己的头脑和一定的手段，尽量别招惹他生气，这类人比较注重连带关系和相同意识。

衣饰颜色炫出个性风采

　　人们在日常生活中非常注重自己的服装。服装，就是一个人的修养、职业的表现，同时也是他个性与心理的表现。通过人们服装的颜色、款式等，心理学家可以推测穿不同服装的人的个性与心理。

　　一般情况下，人们穿戴服装色彩时，都会把自己的性格特点渗透进去。每个人服装的色彩，总是和自己当时的心理活动状态有着一定的联系。所以，从个人服装的颜色喜好，从中判断他的性格特征具有十分科学的意义。

　　喜欢穿黑色服装的人，黑色会给人带来严肃的感觉，所以穿黑色衣服使人精神紧张。通常喜欢红白明显色彩的人，同时也是黑色服装的喜好者。

　　喜欢红色服装的人，冲动、精神、坚强，是喜欢红色服装的人的一般表现，红色是在增强声势时所穿戴的。

喜欢桃红色服装的人，人们在追求漂亮时，一般喜欢穿戴桃红色服装，这种人的特征是举止优雅。

喜欢紫色服装的人，那些喜欢保持神秘、自我满足的艺术家气质的人，他们会别出心裁地穿戴紫色。

喜欢绿色服装的人，这种人一般喜欢自由，有宽大的胸怀，绿色是其在抱有希望、没有偏见的心理状态下穿戴的服装色。

喜欢橙色服装的人，穿橙色服装的人开朗、口才好，并喜欢幽默，而且当他一个人在无法独居时，对人生意欲强烈的时候也会穿戴此颜色的衣服。

喜欢橄榄色服装的人，人们的心理状态一般是处于被抑制或歇斯底里的状态时，他们会穿戴橄榄色的服装。

喜欢黄色服装的人，一些人为了给别人留下智慧、纯粹、高洁心灵的印象，经常会穿戴黄颜色的服装。

喜欢青绿色服装的人，人们在感觉细腻的心理状态下，一般会穿戴这种服装。

喜欢灰色服装的人，当人们在没有勇气面对困难的心理状态下，他们一般没有主动性，因为会穿戴灰色服装。

喜欢蓝色、蓝紫色服装的人，他们在性格方面一般表现为缺乏决断力、实行力。这类人缺乏责任感，说话比较啰唆，但其自尊心却是惊人的强烈。

与这类色彩服装的人打交道，应逐渐按部就班，并投其所好。在这种人面前，说别人的坏话是最大的忌讳。

妆容描画女人心

"爱美之心，人皆有之"，尤其是女人对美更加的钟情，但一个人的容貌是天生的，怎样才能看上去更漂亮呢？这就需要化妆。事实上，一个女人化什么样的妆，从某种意义上说也就是她性情的外露，作为男人，你便可以通过观察女友化妆的方式来了解女友的心。

从来不化妆的女人不肤浅，她们更在乎的多是"清水出芙蓉，天然去雕饰"，她们追求的是一种自然美。这一类型的女人对任何事物都不局限在表层的肤浅的认识，而是更看重实质的东西。在她们心里有非常强烈的平等观念，并且不断地追求和争取平等。

喜欢时髦妆的女人城府不深，她们对新鲜事物的接收能力往往是很快的，但常缺少属于自己的独立的个性。她们缺少必要的对未来的规划，相对更热衷于今朝有酒今朝醉。她们不知道节省，自我表现欲望强烈，希望自己能够引起他人的注意，城府不是特别深。

喜欢浓妆的女人前卫，她们自我表现欲望强烈，总是希望通过一种比较极端的方式吸引他人，尤其是异性更多关注的目光。她们的思想比较前卫和开放。她们为人真诚、热情和坦率，虽然有时会遭到一些恶意的攻击，但仍能够保持冷静。

喜欢自然妆的女人单纯，看起来非常自然的妆，这一类型的人，她们多是比较传统和保守的，思想有些单纯，富有同情心和正义感。但不够坚强，在挫折和打击面前常会显得比较软弱。为人很真诚，从来不会怀疑他人有什么不良动机。

长时间喜欢以同一模式化妆的女人现实，从很小的时候就开始化妆，并且多年来一直保持着同样的模式，这一类型的人多有一些怀旧情结，常会陷入过去的某种回忆当中，享受往昔的种种，但也能很快地走出来。她们比较现实，能够尽最大努力把握住目前所拥有的一切。她们为人真诚、热情，所以人际关系不错，有很多志同道合的朋友。她们很容易获得满足，但是有一点儿跟不上时代的潮流。

喜欢长时间化妆的女人有毅力，用很长的时间化妆，这一类型的人是完美主义者，凡事总是尽力追求达到尽善尽美。为了实现自己的目标，她们可能会付出昂贵的代价，但并不怎样在乎。她们多有很强的毅力。她们对自己的外表并没有多少的自信，所以在这方面会花费大量的时间、精力甚至是财力。但由于她们过分地加以强调外在的形象，总会给人造成一种相当不自在的感觉。

喜欢异国色彩妆的女人向往自由，她们多是有比较丰富的想象力的，身体内有很多艺术的细胞，希望自己能够成为一个艺术家。

她们向往自由，渴望过一种完全无拘无束的生活。她们常常会有许多独特的让人吃惊的想法，是个完美主义者。

任何时候都不忘化妆的女人不自信，无论在什么时候，哪怕是出门到信箱里去拿一封信或是一份报纸也要化一化妆的女人，她们多对自己没有自信，企图借化妆来掩饰自己在某一方面的缺陷。她们善于把真实的自己掩蔽起来。

化妆特别强调某一部位的女人自信，她们多对自己有相当清楚的认识，知道自己的优点在哪里，更知道自己的缺点在哪里，尤其懂得如何扬长避短。她们多对自己充满自信，相信经过努力一定能够实现自己的理想。她们很现实和实际，并不是生活在虚无缥缈的幻想中的一类人。她们在为人处世等各个方面都非常果断，并且能保持沉着、冷静的态度。

喜欢淡妆的女人聪慧，喜欢化淡妆的女人，她们追求的目的是看起来说得过去就可以了，并不要特别地突出自己，这一点与她们的性格是很相符的。她们的自我表现欲望并不是特别的强，有时甚至非常不愿意让他人注意到自己。这一类型的人有很多都是相当聪明和智慧的，也会获得一定的成就。她们拥有自己的绝对隐私，并且希望能够在这一点上得到他人的尊重和理解。

T 恤是个性的标语

现如今，T恤已经成了一种最普遍而且最受欢迎的服饰，男女老少皆宜。在过去，T恤只是用来保暖的内衣，可是现在，它已经成了一面公众告示牌，可以任由自己在上面随便记录或宣泄各种情绪和想法。所以，穿什么样的T恤可以直观地看出一个人具有什么样的性格。

喜欢穿在T恤上印上自己名字的人，他们思想多是比较开放和前卫的，能够很轻松地接受一些新鲜的事物，他们对一些陈旧迂腐的老观念是持一种相当排斥的态度。他们的性格比较外向，喜欢结交朋友，为人比较真诚和热情，所以通常会有比较不错的人际关系。他们的自信还是很强的，有一定的随机应变能力，在不同的情况下，能够及时地做出应对策略。

喜欢穿印有各种明星画像 T 恤的人，这种类型的人多以追星族为主，他们对那些人有无限的崇拜，并且希望自己有朝一日能像他们一样。这类人很渴望别人了解自己的思想，并积极地把自己的想法表现给别人。

喜欢穿印有学校名称或大企业的标志装饰的 T 恤，这一类型的人希望他人知道自己的身份，并且对自己所在的单位和企业具有一定的感情。他们希望能够以此为载体，吸引一些志同道合的人。

喜欢穿有著名景点风景 T 恤的人，对旅游有浓厚的兴趣，有的甚至不断地更换自己下一次旅游目的地。他们的性格多是外向型的，对新鲜事物的接受能力很强，而且具有一定的冒险精神。他们自我表现欲很强，希望把自己所知道的一切都传达给他人。

喜欢穿在 T 恤衫上印有一段幽默标语的人，是具有幽默而智慧的人，这本身就是他们幽默而聪慧的表现。另外，他们也是具有很强的表现欲望的，希望自己能够吸引别人的注意。

喜欢穿没有花样的白色 T 恤的人，多有比较独立的个性，他们不会轻易地向世俗潮流低头，不随着世俗潮流的改变而改变自己的人。他们具有一定程度的叛逆性，但不会通过露骨的方式方法大张旗鼓地表现出来。

喜欢穿没有花样的彩色 T 恤的人，自我表现欲望并不是很强烈，甚至甘于平庸和普通，做一个默默无闻的人，他们多数属于内向型人，不太爱张扬，富有同情心，在自己能力许可的条件下，尽量去关心和帮助他人。

"帽子"盖不住思维的大脑

帽子不仅仅只有御寒的功能，也能够为人们增加美观，而且还能树立某种个人形象。当出入任何一家娱乐场所或大型酒楼餐馆，很容易能够就看到"衣帽间"的牌子，这就体现了帽子对于一个人的重要性，它有助于人们树立自身想要的形象，可以使个性在任何场合下都完全地得到体现。

总喜欢戴鸭舌帽的人，鸭舌帽，是一般上年纪的人的佩戴，它所表现的个人特点是稳重、踏实。如果男人戴这种帽子，那么他会认为自己是个客观的人，从不虚华。面对问题时，能从大局着想，不会因为一些细枝末节而影响整个大局。

有时候这种人自以为是，故意摆弄老练的个人形象，在与别人交往时，就算对方胸无城府，他还是喜欢与别人绕着弯去说话办事，直到把别人都搞得不知道天南地北了，他的个人意见还是没有表达出来。

他之所以这么做，是因为他是个会自我保护的人，不愿轻易让别人了解他的内心。他不是个攻击型的人，但是个很会保护自我的防守型的人，所以他很少伤害别人，但也不容许别人伤害他。

他是个很会聚财的人，相信艰苦创业才是人生的本色，多劳多得是他的客观信条，他从不相信不劳而获或少劳而获，他认为他所拥有的财富来之不易，所以他从不乱花一分钱。

喜欢戴圆毡帽的人，总喜欢戴圆毡帽的人，纯粹是一副老百姓的派头，对任何事情都感兴趣，但从不表达自己的看法，即使有看法也是附和别人的观点，好像没有任何个人独到的见解。但他们不是没有主张，只不过是个老好人，哪怕是个最不起眼的人，他都不愿随便得罪。

他们在骨子里是个忠实肯干的人，对只有付出才有收获的道理坚定不移。他们对不劳而获的人恨之入骨，相信君子爱财取之有道，对不义之财一贯的态度是视而不见，从来不让不义之财玷污自己的手指。

对于做每一件事情他都会全力以赴，投入巨大的精力和热情，对于报酬，他只拿属于自己的那一份。他是以自己的美德赢得尊重的。

在选择朋友方面，他表面随和，其实颇为挑剔，他认同“道不同不相为谋”的方针，因此除非对方和他有类同看法和观点，否则他是不会考虑和他深交的。

喜欢戴旅游帽的人，旅游帽，其实就是一种装饰品，因为这种帽子既不能御寒也不能抵挡阳光。用这种帽子来装扮自己以投射某种气质或形象；或者戴上它另有企图，用来掩饰一些他认为不理想或者有缺陷的东西。

从这些他所表现出来的特点看，那些爱戴旅游帽的人，一般是内

心虚伪、不踏实的人，他们善于投机取巧，因此，能真正了解这类人的人寥寥无几，大多只是了解他的皮毛罢了。

由于他们过度聪明、自以为是，在别人面前既唱红脸又唱白脸，以为自己做得天衣无缝，其实别人早已看出他是个不可深交的人。因此，他真正的朋友不多，多半是与他面和心不和的人，有时他也能看出自己的缺点，但由于他的本性所决定，他无法改变这些事实。

在事业上，这种人也用他那套投机之术去钻营各种空子，有时也会收到不错的效果，当他黔驴技穷时，也就会被他的上司和同事看穿。

喜欢戴礼帽的人，戴礼帽的人，大多是觉得自己稳重而具有绅士的风度。这种人急切渴望给人一种沉稳而成熟的感觉，在别人面前，行为举止也会经常表现出很具传统思想。这类人除自己喜欢的礼帽外，连自己的皮鞋不管任何时候也是擦得锃亮，就连所穿的袜子也一定会给人一种厚实的感觉，尽管是在炎热的夏季，一样会拒绝穿丝袜。由于他们看不惯很多东西，所以他们多少有点自命不凡的本性，认为自己是个干大事的人，进入任何一个行业都应该是指手画脚的高人。

可惜他过分保守并且缺乏冒险精神，成就并不大，所干的事业也不像想象的那么顺心。

在友情上，他的朋友会觉得他保守、呆板，不容易掏真心话，即使他在见面时斯文有礼，也不能加深他们之间的友谊，他和任何一个朋友之间的友谊都不能保持应有的深度。他有时也会想到这些，并试图努力去改变，但他天生的性格使他难以表达自己的心思，有时反而适得其反。

总喜欢戴着彩色帽的人，在不同的场合，针对不同颜色的服装，

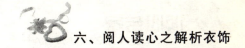

佩戴着不同色彩的帽子，他们似乎是天生的服装专家，这种人一般是赶得上潮流的时髦人物。

这种人对彩色鲜艳的东西非常敏感，对时下流行的东西嗅觉灵敏。每当出现新鲜玩意儿，他总是最先尝试，希望人家说他的生活过得丰富多彩，懂得享受快乐人生。这种人总是以弄潮儿的身份，旁若无人地走在时代的最前沿。

同时，这种类型的人也是喜欢热闹、害怕寂寞的。因为他朝气蓬勃、精力旺盛，那颗不甘寂寞的心，总是使他躁动不安，他会经常呼朋引伴，一起到歌舞升平之地去挥洒自己的好心情。当曲终人散后，这种人会自然地产生寂寞的心绪，当最后一支舞跳完后，他会有情不自禁的失落感。

对于工作，他的热情和消极是成反比例的，有时会为他带来一定的好运，当他热情起来时，就像有使不完的劲，一旦无聊时，空虚感马上袭满他的心头。

"手表"对待时间的态度

俗话说："一寸光阴一寸金，寸金难买寸光阴。"古往今来没有哪个伟人不珍惜自己的时间。时间，在不知不觉中流逝，不同的人对此有着不同的感受。有的人熟视无睹，而有的人则表示深深地惋惜，然

后，抓紧利用每一分钟去做一些有意义的事情。一个人对待时间的看法，很大程度上是由人的性格决定的，而时间对人具有什么样的影响，很多时候又能通过所戴的手表传达出来。

现如今人们佩戴手表，已经从原来单一的计时需求开始转向装饰需求。在佩戴喜欢上存在着一些自然的差异。一般戴在左手内侧的人在工作中头脑聪慧，而在个人情感上，则表现得往往十分害羞而不敢向对方表达自己的意思，还有一些人图方便，把手表戴在右手上，不但开车的时候，甚至做任何事情的时候都比较省事，除了这些实际的好处以外，还有招引大家注意的意图。适度的时候，给人的是性格奔放热情；过度的时候，会让人觉得有点放浪形骸。

同样，佩戴不同类型款式的手表也会体现出不同的人性。

佩戴怀表的人，时间观念较强，对时间享有较好的控制能力，即使他们每天的生活都是忙忙碌碌的，也并不是时间的奴隶，而他们懂得如何驾驭时间，懂得如何自我放松，并且进行自我调节。他们有较强的适应能力；善于把握和控制自己，能够很好地调整自己的心态。他们乐于收集一些过去的东西。他们有一定的文化修养，因此，言谈举止比较高雅。他们有比较浓厚的浪漫思想，常会制造一些出人意料的惊喜。他们把人与人之间的友情看得高于一切，并以惊人的耐心来经营。

佩戴液晶显示型手表的人，一般是生活中精打细算地过日子的能手，他们在生活中表现出常人难有的节俭喜欢。他们的思维比较单纯，对简洁方便的各种事物比较热衷，而对于太抽象的概念则难以理解。他们在为人处世时，以认真的态度为主，不会随随便便地与他人打成一片。

佩戴古典金表的人，眼光一般都比较长远，能够在发展中看待一切，他们对眼前一些既得的利益不会太在意，会注重一些更有发展前途的事业。他们心思缜密，头脑灵活，往往有很好的预见力。他们的思想境界比较高，而且非常成熟，凡事都会看得清楚透彻。他们有宽容力和忍耐力，而且很讲义气，能够与家人朋友同甘共苦、生死与共。这种人对外界的一些困难和压力从不服软说输。

佩戴闹钟型手表的人，一般是严于要求自己的人，他们自己把自己的神经绷得很紧，丝毫没有放松的时候。这一类型的人算不上传统和保守，他们喜欢按一定规矩办事，他们在争取成功的过程中任何一件事都是以相当直接而又有计划的方式完成的。他们很有责任心，有时候会刻意地培养和锻炼自己在这一方面的能力。不得不提的是，这种人还是组织和领导方面的天才。

佩戴电子表的人，电子表比以往的机械表便于操作和使用，当你需要时只要按一下显示时间的键，就会出现数字，如果不按，就什么也看不见。喜欢戴这一类型手表的人多是有些与众不同的特别之处。他们独立意识非常强烈，从来不希望受到他人的约束，自由自在、无拘无束地去做自己想做并且也愿意去做的事情。他们善于掩饰自己的真实情感，所以一般人不能轻易走近去了解他们。在别人看来，他们有一种神秘感，同时这类人也会因具有这种神秘感而沾沾自喜。

手提包衬托出个性特征

提包是人们在工作、学习和生活当中非常重要的一件物品，很多时候它几乎与人形影不离，人走到哪里，它们也随之被带到哪里。正是因为手提包具有如此非同寻常的作用，所以，它们在一定程度上可以向外界传达一定的信息，让外界通过提包来认识提包的主人。

提包的样式是多种多样的，人们可以根据自己的喜好进行选择。

选择的手提包比较大众化的人，他们的性格也比较大众化，或者是说没有什么特别鲜明的、属于自己的个性。他们在大多时候都是随大流的，大家都这样选择，所以他也这样选择，没有自身的主见，目光和思想比较平庸和狭窄。人生中多少有收获，而无大的成就和发展。

选择的手提包十分有特点，甚至是达到那种让人看一眼就难以忘却的程度的人，其性格可能要分两种不同的情况来分析：一种是他们的个性的确非常强，特别的突出，对任何事物都能从自己独特的思维、视觉等各方面出发，从而做出选择。这一类型的人中，有很多具有艺术细胞，他们喜欢我行我素，不被人限制，而且他们标新立异，敢冒风险，具有一定的胆识和魄力。假如不出现什么意外，自己又肯努力，将会在某一领域做出一定的成绩。另外还有一种人，他们并不是真正的有什么个性，也没有什么审美眼光，不过是为了要显示自己的与众

162

不同，故意做出一些与其他人迥然有异的选择，以吸引更多的目光罢了。这一类型的人自我表现欲望及虚荣心都比较强。

选择的手提包多是休闲式的人，可以看出他们的工作有很大的伸缩性，自由活动的空间比较大。正是由于这样的条件，再加上先天的性格，这类人大多很会懂得享受生活。他们对生活的态度比较随便，不会过分苛刻地要求自己。他们比较积极和乐观，也有一定程度的进取心，能很好地安排工作、学习和生活，做到劳逸结合，在比较轻松惬意的氛围里把属于自己的事情做好，并取得一定的成就。

选择的手提包多是公文包，这也从一个侧面说明了提包主人工作的性质。他们有可能是某个企事业单位的老总，假如是普通的职员，也是比较正规单位的。选择公文包或许是出于对工作的一种需要，但在其中多少也能透出一些性格的特征。这样的人大多办事较小心和谨慎，他们不一定非得要不苟言笑，即使是有说有笑，对人也会相当严厉。当然，他们对自己的要求往往更高。

喜欢方形或长方形的手提包，在有些时候可以当成是一件配饰。这种手提包外形和体积都相对比较小，因此，使用起来并不是非常的方便。喜爱这一款式手提包的人，多是没有经历过什么磨难的人。他们比较脆弱或不堪一击，遇到挫折，很容易就妥协或退让。

喜欢中型肩带式手提包的人。他们在性格上相对比较独立，但在言行举止等各个方面却是相对较传统和保守的。他们有一定相对自由的空间，但不是特别的大，交际圈子比较狭窄，朋友也不是很多。

非常小巧精致，但不实用，装不了什么东西的手提包，一般而言，应该是年纪比较轻，涉世也不深，比较单纯的女孩子的最好选择。但

假如已经过了这样的年纪，步入成年，已十分成熟了，还热衷于这样的选择，说明这个人对生活的态度是十分积极而又乐观的，对未来充满了美好的期待。

比较喜欢具有浓郁的民族风味、地方特色的小提包的人，自主意识比较强，是个人主义者。他们的个性突出，常常有着与他人截然不同的衣着打扮、思维方式，等等。有些时候显得与他人格格不入，因此，营造出比较好的人际关系存在着一定的困难。

喜欢超大型手提包的人，性格多是那种自由自在、无拘无束的人，他们很容易与别人建立某种特别的关系，但是关系一旦建立之后，也会很容易就破裂，这也是由他们的性格所决定的，由于他们的生活态度太散漫，缺乏必要的责任感。虽然他们自己感觉无所谓，但却并不是其他所有人都能容忍与接受的。

把手提包当成购物袋的人，多是希望寻找捷径，在最短的时间内，以最少的精力把事情办完的人。他们很讲究做事的效率，但做起事来又比较杂乱无章，没有一定的规则，很多时候并不能如愿以偿。他们的性格多比较随和与亲切，有很好的耐性，满足于自给自足。在他们的性格中感性的成分要比理性成分多一些，做事有些喜欢意气用事。独立能力比较强，不太习惯于依赖他人。

一个手提包，但有很多的口袋，可以把各种各样东西放到该放的适当位置。选择这样手提包的人，说明他们的生活是非常有规律性的，而且能在大多数的时候保持头脑的清醒，不会轻易做出糊涂的事情。

喜欢金属制手提包的人，多是比较敏感的，能够很快跟上流行的脚步，他们对新鲜事物的接受能力是非常强的。但是这一类型的人，在很多时候自己并不肯轻易地就付出，而总是希望别人能够先付出。

喜欢中性色系手提包的人，其表现欲望并不是很强烈，他们不希望引起他人的注意，目的是减少压力。他们凡事多持得过且过的态度，生活比较懒散。在对待他人方面，也喜欢保持相对中立的立场。

不习惯于带手提包的人，其性格要分几种情况来讲，有可能是由于他们比较懒惰，觉得带一个包是一种负担，过于麻烦。另一种可能是他们的自主意识比较强，希望独立，而手提包会在无形当中造成一种障碍。两种情况都是把手提包当成是一种负担，可以显示出这种人的责任心并不是很强，他们不希望对任何人任何事负责任。

喜欢男性化手提包的人，一般而言，都是比较坚强、剽悍、能干的，并且趋于外向化的。

手提包里的东西摆放得乱七八糟，没有一点规则，要找一件东西，需要把手提包内的所有的东西全部翻出来，这类性格的人可以看出他们的生活是杂乱无章的，奉行的是"无所谓"的随便态度。他们做起事来多比较含糊，目的性不明确，但对人一般都较热情和亲切。但是，由于他们的生活态度有些过分随便与无所谓，因此，经常会导致使自己陷入比较尴尬的境地。与这一类型的人相识、相交都比较容易，但是分开也不难。

手提包内的各种各样的东西摆放得层次分明，想要什么就可以伸手拿到，这说明手提包的主人是一个很有原则性的人，他们多有很强的进取心，办事认真、可靠，待人也比较有礼貌。一般而言，这一类型的人有很强的自信心，且组织能力突出。但缺点是他们大多比较严肃、呆板，会过多地拘泥于生活中的某些细节中。

透过鞋子观察对方的性格

鞋子并不是像我们所想象的那样，单纯地起到保护脚的作用，这是其仅有的一方面。通过观察他人的鞋子，人们不仅可以注意到其美观大方，同时也可以看出一些他的个人性格。

男性穿皮鞋注重的是鞋料的舒适和质感，至于样式、颜色可穿的条件有限，当然也就不会太讲究。然而，对女性来说恰恰相反，女性穿皮鞋时，就像选购耳环、手镯等饰物一样，首先考虑的是颜色、风格和款式等要素，一旦看中了颜色、风格和款式，至于舒适性、实用性以及鞋质，就已来不及权衡了，当即就会买下。因此，从穿不同样式的鞋子，就能看出一个人的性格。

自己最喜爱的一款鞋一直穿到报废，如果换鞋，那是这双鞋子坏了后的事情，这种人是相当独立的，他们非常清楚什么是自己喜欢的，什么是自己不喜欢的，他们对自己的感觉很重视，不会过多地在意别人对自己的看法。做事方面他们一般比较小心和谨慎，在经过仔细认真地考虑以后，他们要么不做，要不就全身心地投入，把它做得很好。他们对自己的亲人、朋友、爱人的感情都是相当忠诚的，没什么东西可以让他们做出背叛的事情来。

喜欢穿时髦鞋子的人，有一种观念：那就是只要是流行的，就全

166

是好的，从不考虑自身的条件是否与流行相符合。这种人做事时常缺少周全的考虑，所以会顾此失彼。他们对新鲜事物的接受能力比较强，表现欲望和虚荣心也强。

喜欢穿装饰物鞋的人，大多是女性，这是一种把自己看得比较重，且属于自我满足型的女性。她们特别喜欢打扮，而且有时打扮得往往超过了度，虽然她自己觉得这根本不算什么，可给周围人的感觉总不顺眼。这类人在与人打交道时，较少顾及别人的存在，至于有没有男人去追求她，他人愿不愿与她交往，多半不放在心上，长期生活在自己的世界里，身边知己的朋友也不多。

喜欢穿拖鞋的人，属于轻松随意的人，他们可以被视为自由者的最佳代表。这种人对自己的感觉和感受非常注重，他们属于性情中人，一般不会随着别人的建议而改变自己。他们可以在自我调节中充分地享受生活。

喜欢穿没有鞋带鞋子的人，并没有多少特别之处，穿着打扮和思想意识与普通人相去不多。只不过他们比较传统和保守，追求整洁，不喜欢表露自己。

喜欢穿运动鞋的人，一个人如果喜欢穿运动鞋，那他一定是对生活持有积极乐观的态度，在为人上表现出亲切和自然之感，他们没有特别的生活规律，一般容易与人相处。

喜欢穿远足靴的人，会把自己充足的时间和精力投入到工作中，而且他们有较强的危机感，并且随时应对各种各样的突发事件。他们勇于冒险，具有开拓精神，经常向自己不熟悉的领域挺进，并且对自己非有"绝对能成功"的自信。

　　喜欢穿露出脚趾的鞋子的人，属于性格外向型。他们的思想意识比较先进和前卫，浑身上下充满了朝气。这种人在与人交往的过程中，一般能表现出拿得起放得下的洒脱形象。

　　喜欢穿靴子的人，没有足够的自信心。靴子，在一定程度上能为人们带来一些自信，而且也为他们增加安全意识。爱穿这种鞋子的人在适当的场合和时机，懂得如何来掩饰和保护自己。

七、阅人读心之察言观色

　　一个人的言语，在一定程度上可以反映一个人的一些实际情况。言谈话语表达出来的信息有真实与不真实之分，要想准确识别单凭感觉是不够的。你不仅要分析他人的话中之意，更要分析其言外之意，同时，还要捕捉住一些相关的细节加以辅证。假如不善于分析他人的言论，辨其是非善恶，是无法正确考察一个人的。

不要被言谈举止的表象所迷惑

常言道，知人知面难知心。单从一个人的外在表现来看，很难真正地了解一个人。但是，人们在言谈举止上，会泄露自己的内心世界，如果你能掌握洞察的奥秘，就能够识破别人心态。

人们常常制造出一些表面的言谈举止进行自我包装，也就是常言说的"装模作样"。

在身体语言学上，叫做"戴面具"。每个人都是一样，无一例外。人们给外界看的脸孔多数是另一个脸孔，即人们的言谈举止很少表示我们真正感受到的东西。

人们的外表印象向朋友或者熟人传递着一种人体语言信息。戈夫曼博士观察到，经我们仔细护理并戴在脸上的面具有时会突然松下来，使我们在一种暂时的衰竭状态下显示我们的本来面貌。由于疲倦或愤怒而忘记了继续包装我们的面孔。不妨仔细看看下班后高峰时候坐在地铁中的乘客、挤满人的公交车，不难发现，人们的存在突然变得不加修饰，他们真实地以各种本来面貌出现。

人们每天都隐藏自己真实的面貌，经过仔细地自我包装，不让人体发出体现自我真正意识的信号。人们不断地笑，因为笑不仅表明欢乐，而且用来作为请求、自我捍卫及道歉的手段。

在一家饭馆里，当你必须坐到另一位客人旁边的时候，你的微笑表示："我不想打扰你，但这是唯一的一个空位子。"

在坐满人的电梯里你被迫挤了别人，你的微笑意味着："我不想侵犯你，无论怎样请你能够见谅。"

在一辆突然刹车的公交车里，你被"扔"到了他人身上，你以微笑道歉："对不起，我并不想碰疼你。"

人们就这样整天地笑，哪怕很生气，很愤怒，也照样微笑。向顾客微笑，向上司微笑，向领导微笑，向丈夫或妻子微笑，向亲戚微笑，向孩子们微笑，只是人们的微笑很少有真正的意义，很简单，它是人们戴着的面具。

人们总是用面具来隐藏自己的真实感受，但是在某些场合，我们会自动拿掉面具，比如在小汽车里，我们的空间变小了，觉得更自由了，于是取下了面具。

因此，人们虽然可以戴上面具，用面具来掩饰自己真正的想法，但却不能掩盖本能的反应。人的面部表情或是肢体动作，其实就是一个反映心中到底在想些什么的"心灵显示器"，注意观察别人在不经意间流露出的身体反应。

从对方的言行举止中，你就能够洞悉他的内心世界，千万不要被表面的面具所迷惑。

语速体现了人的个性

人类有自己的语言，这是人类和动物相区别的主要特征之一。人在说话时，不是动物的怒吼，不是一种本能的释放，而是在进行思想的交流，同时也是心理、感情的流露，其中，语速的快慢、缓急直接体现出人类的感情状态和心理特征。

实验研究表明，人类的语速能够反映出其心理健康的程度。一个心理健康、感情丰富的人在不同的环境下会表现出不同的语速。

声音在不知不觉中变小者为内向型人，讲话的时候窃窃私语，或仿佛耳语一般，小声嗫嚅的人，一定是属于内向型的人。

内向型的人常常会在无意识之中跟他人保持一定的距离，而且还会采取内闭式的姿势，那就意味着"我不希望你能了解我的心事"以及"不想让初次见面的人一下看穿我的心意"，当然，也就不会畅所欲言了。

内向型的人对他人的警戒心特别的强烈，而且认为不必让他人知道与自己相关的事情。正因为如此，他连自己应该说的话也懒得说出口，一心想"隐藏"自我，声音当然也就会变得嗫嚅了。

这样的情况不仅是在一对一的聊天时如此，在会议上的发言也是如此，由于他并不想积极说出自身的看法，以致欲言又止，变成了喃喃自语似的，声音很小，又很缓慢。说话的时候，常常不是明确而直截了当地讲出来，总是喜欢绕着圈子，使听的人感到焦躁不安。这样的人即使是对于询问也不会做出明确的答复，态度优柔寡断，给人一种索然无味的感觉。

内向型的人对他人的警戒心理固然相当强烈，但是内心几乎都很温和，为了使自己的发言不伤害到其他人，总是经过慎重的考虑之后再说话，同时又担心自己的发表意见将造成自己跟他人的对立。

由于胆怯又很容易受到伤害，而且过度害怕错误以及失败，只好以较微弱的声音娓娓而谈，或许他认为这种说话方式最安全。

但是，对于能够推心置腹的亲友以及家属也就不一样了，对于这一类尤为亲近的人，内向型的人都会解除警戒心，彼此间的距离也被拉近了。因此，能够以爽朗的大嗓门以及毫不掩饰的态度跟他们交谈，能够很自然地露出笑容。

说话速度快，善于随声附和的外向型，说话速度稍快，说起话来仿佛在放鞭炮似的，几乎都属于外向型的人。

外向型的人善于交流，能说会道，且言语流畅，声音的顿挫富有变化，一旦想到什么事情，就会毫不考虑地说出来，有时又会把自己的身体挪近他人，说到眉飞色舞的时候，唾沫横飞，甚至会把他人的话拦腰一斩，以便贯彻自己的主张。

即使还不到此种地步，这种人说话的方式仍然显得周到而且清晰，即使是对于初次见面的人，他也能够以亲切的口吻与之交谈，脸上浮着微笑，不时地点头。

当对方的意见、想法等跟他要说的意思一致的时候，他就会随声附和地说："就是啊……就是啊……"并且眨动着眼睛，因为对外向型的人而言，跟他人同感，一唱一和之事，乃是至上的快乐。

外向型的人跟别人碰面的时候，只要彼此交谈，就能够使他的性格更为鲜明。所以，一到话说到投机处，就无法控制，不断地涌出更多的话题，好似有取之不尽的"话源"似的，有时话题变得支离破碎，无法再度接合，他仍然会喋喋不休。因为对他而言，"开讲"本身就是一件极为快乐的事情。

外向型的人能够在毫不矫揉造作之下，以开玩笑的口吻介绍他自己。有时是自己可笑的事，他都敢于说出来，博得对方一笑，因为他是一根肠子通到底的人，什么事情都不隐瞒，不在乎大家都知道他的事。

即使事后自己也认为"说得太过火"，他也不会表示后悔。正因为他具有不拘泥于小节的性格，对于过去的事情很少去计较或者后悔，有时他甚至会忘记自己说过的事情，一旦对方提醒，方才搔着头说："哦！我那样说过吗？"

正因为如此，他喜欢想到哪儿说到哪儿。乍看之下，这种人似乎轻率而欠缺考虑，事实上，他们懂得配合对方的说话速度，一面看着对方一面交谈，同时更能够缓急自如、随机应变地改变话题，为的是不想扫对方的兴，因此，我们可以说，这种类型的人很善于社交式的交谈。

总而言之，外向型的说话方式都很注意一个目标，那就是给周围的人快乐而轻松的气氛，这是因为他们喜欢跟周围的人一起欢笑，甚至一块儿抱头痛哭的缘故。

闻声辨人有法可循

声音辨人术是指通过声音来识别人才。浅层的理解，是指听到一个人的声音（不仅仅是说话的声音，也包括脚步声、笑声等），就能知道他是谁，前提必须是对此人的声音很熟悉，一般在朋友、亲人之间才能辨别，这只是辨别人的身份。高层次的理解，是由声音听出一个人的心性品德、身高体重、学历身份、职业爱好等。这是一个很复杂的判断过程，既有经验的总结，又有灵感的涌动。声音可细分为声与音两个概念，既可由声来识人，又可由音来识人，但在实际运用中，多是由声音即两者同时来识别人。

声音最能陶冶性情，战鼓军号能使人精神抖擞，小鸟的啾鸣能让人心旷神怡。"声色犬马"，声音给我们带来的享受竟是排在首位的，就连人类的求偶活动也同鸟一样，是从婉转的声音开始的，所以人在青春期对各种甜言蜜语和流行歌曲的反应都很强烈。

从生理学和物理学的角度看，声音是气流冲击声带，声带受到振动引起空气振动而产生的，这既是一种生理现象，又是一种物理现象，心动为性——"神"和"气"性发成声。意思是讲，声音的产生依靠自然之气，也与内在的"性"密不可分。声音又与说话者当下的心理活动密切相关，轻重、缓急、大小、长短、清浊都有变化，这与人的特性也是息息相关的，这也就是闻声辨人的基础。

人们的声音，由于健康状况的不同，生存环境的不同，先天禀赋的不同，后天修养的不同等不同而不同。因此，声音不仅在一定程度上表现着一个人的健康状况，而且还在一定程度上表现着一个人的文化品格——他的雅与俗、智与愚、贵与贱（这里指人格修养）、贫与富。

古人历来比较重视声音，认为声音是考察人物的一个组成部分，在深入观察和研究的基础上，按照阴阳五行的原理，把声音分为：

金声：特点是和润悦耳

木声：特点是高畅响亮

水声：特点是时缓时急

火声：特点是焦灼暴烈

土声：特点是厚实高重

说话者，假如气发于丹田（丹田是道家修炼气功的术语，在人脐下三寸处），经胸部直冲声带，再经由喉、舌、齿、唇，发出的声音与仅用胸腔之气冲击声带而来的声音，气度不一样，节奏不一样，效果也有悦耳与沙哑的差别。声带结构不好，发出的声音不会动听，但假如经由专门的发声练习，是可以较大程度地改变声音效果的。

丹田的气充沛，因此，声音沉雄厚重，韵致远响，这是肾水充沛的征象，由此可知其人身体健壮，能胜福贵。同时，丹田之气冲击声带而来的声音洪亮悦耳，柔致有情，甜润婉转，给人舒服浑厚的美感。

发于喉头、止于舌齿之间的根基浅薄的声音，给人虚弱衰颓之感，显得中气不足，这也是一个人精神不足，身体虚弱，自信心不足的表现。

以声音来判断人的心性才能，尚有很多未知的空白，而且可信度有多高，也尚未定论，但其中的奥妙，是值得研究的。其基本原则并不只是悦耳动听、洪亮高亢。

《礼记·乐记》云："凡音之起，由人心生也。人心之动，物使之然也。感于物而动，故形于声。声相应，故生变。"对于一种事物由感而生，必然表现在声音上。人的声音随着内心世界的变化而变化，所以说："心气之征，则声变是也。"

声音不但与气能结合，也和心情相呼应。因为声音会随内心变化而变化，所以：

内心平静声音也就平和；

内心清顺畅达时，就会有清亮和畅的声音；

内心渐趋兴盛之时，就有言语偏激之声。

这样不就可以从一个人的声音判断一个人的内心世界吗？有关这方面的知识，《逸周书·视听篇》讲到的四点值得研究：

内心不诚实的人，说话支支吾吾，这是心虚的表现；

内心卑鄙乖张的人，心怀鬼胎，因此声音阴阳怪气，非常刺耳；

内心宽宏柔和的人，说话声音温柔和缓，如细水长流，不紧不慢；

内心诚信的人，说话声音清脆而且节奏分明，这是坦然的表现。

当今心理学也认为，不同的声音会给人不同的感受，有以下几种类型：

音低而粗。这类人较有作为、较现实，或许也可以说是比较成熟潇洒，较有适应力。

声音洪亮。此类人精力充沛，具有艺术家气质，有荣誉感，有情趣，热情。

讲话的速度快。此类人朝气蓬勃，活力十足，性格外向。

外带语尾音。这一类型的人，精神高昂，有点女性化，具有艺术家的气质。

以上这四种类型的声音，不论在交易或说服的工作上，都具有较为积极的作用。同样也有产生负面作用的声音。

鼻音。大部分人都不喜欢这种声音。

语音平板。较男性化、较沉默、内向冷漠。

使人产生紧张压迫的声音。这类人很自傲，喜以武力解决事情。

当然，这也不能一概而论，什么声音好，也与谈话的地点、对象、内容有直接的关系。

由言谈的方式捕捉对方心理

在人们的日常生活当中，语言起着举足轻重的作用，几乎每一个人都离不开语言，每个人都要说话，但为何是同样的一句话在不同的人嘴里说出来，会产生不同的效果呢？其关键就取决于说话者言谈的方式不同，细心观察的人就可以从一个人的言谈方式中把握对方的心理活动。

善于倾听的人，大部分是一个富有自己缜密的思维、独特的思想，而又性情温和、谦虚有礼的人。他们或许并不太能引起别人的注意，但通过一段时间的交往，一定会得到别人的依赖与尊重，他们善于思考，虚心好学，是值得信任的朋友。

能说会道的人，大多数人的反应速度快，思维比较敏捷，随机应变的能力强。他们善于交谈，与他人讲大道理，以显示自己的圣明。该类型的人圆滑世故，处理各种各样的问题都非常的老练，他们在绝大多数时候会很招别人的喜欢，由此人际关系会很不错。

在说话中常带奇思妙语者，他们大多比较聪明和智慧，具有一定的幽默感，比较风趣，而且随机应变能力强，常会给他人带去欢声笑语，很招他人的喜欢。

在谈话过程中转守为攻者，多心思缜密，遇事能够沉着冷静地面对，随机应变能力强，能够根据形式适时地调节自己。他们做事一向稳重，从不做没有把握的事情，总是首先保证自己不处于劣势，然后再追求进一步的成功。

与人交流过程中，能够运用妙语反诘的人，不但会说，而且还会听，当发现形势对自己不利的时候，能够及时抓住各种机会去反击，从而使自己处于主动的地位。

善于根据谈话的进行，适时地改变自己言谈的人，大都是头脑比较灵活，能够在极短的时间内，准确地分析自身的处境，然后寻找恰当的方法得以解脱。

言谈十分幽默的人，多感觉灵敏，胸襟豁达，心理健康，他们做事很少死板地去遵循一定的规则，甚至完全是不拘一格。他们十分灵通、圆滑，显得聪明、活泼，有很多人都愿意与他们交往，他们会有很多的朋友。

在谈话过程，常常说一些滑稽搞笑的话以活跃气氛的人，待人多比较亲切和热情，并且富有同情心，能够顾及他人的感受。

在与人谈话期间，善于以充分的论证论据说服他人的人，大多是

相当优秀的外交型人才。他们能够通过自己独特的洞察力，常常对他人有一定的了解，然后使自己占据一定的主动地位，使他人完全按自己的思路走，以赢得最后的胜利。

自嘲是谈话的最高境界，善于自我解嘲的人多有比较乐观、豁达、超脱、调侃的胸怀和心态。

在谈话中善于旁敲侧击的人多能听出一些弦外之音，又较圆滑和世故，常做到一语双关。

在谈话中软磨硬泡的人，多有较顽强的性格，有一股不达目的誓不罢休的精神，一直等到对方实在没有办法，不得不答应，才罢手。

在谈话中滥竽充数的人，多胆小怕事，遇事推卸责任，凡事只求安稳太平，没有什么野心。

避实就虚者常会制造一些假象去欺骗、糊弄他人，一旦被揭穿，又寻找一些小伎俩以逃避、敷衍过去。

固执己见者从来听不进他人的意见和建议，哪怕他人是正确而自己是错误的。

由言谈声调探察人心深度

一般初次见面的时候，声音往往会给对方留下很深的印象。有些人的声音轻缓柔和，有些人的声音带有沉重威严感。人们一般会根据记忆中的声音去认识别人。

总的来说，声音能够表现出人们的性格、人品等特性，有时也能够从中找出预测个人前途的线索。从脸部表情、动作、言辞无法掌握对方心态时，常常可从声调去体验他情绪的波动。

具有温和沉稳声音的人，一般情况下，这种类型的人办事慢条斯理，常常是这种情况：上午有气无力，下午却变得活泼起来。他们富有同情心，不会坐视受困者而不理。作为会谈的对象，刚开始时或许难以交往，但性格比较忠诚，因此朋友虽少却精。

若女性的音质柔和、声调低，那么她们大多性格内向，会随时顾及周围的情况而控制自己的感情，同时也渴望表达自己的观念，因此应该尽量顾及到她们的感受。

另外，如果男性的声音比较温和沉着，那么他们乍看上去会显得老实，其实也有其顽固的一面，他们往往固执己见绝不妥协，不会讨好别人，也轻易不相信别人。

具有高亢尖锐声音的人，一般情况下，声音高亢的人比较神经质，对环境反应强烈，会因为房间变更或换张床则睡不着觉。他们富有创意与幻想力，讨厌向人低头，说起话来滔滔不绝，常向他人灌输己见。面对这种人不要给予反驳，在一定程度上满足其虚荣心可以让他感觉很好。

在男性中，如果声音较为高亢尖锐，那么他们的个性比较狂热，容易兴奋也会很快就疲倦了。这种人对女性会一见钟情或贸然地表白自己的心意，往往会使对方大吃一惊。高亢声音的男性一般都从年轻时代便透露出其鲜明个性。

如果发出这种声音的是女性，那么她们的情绪一般会起伏不定，对人的好恶感也非常明显。这种人一旦执著于某一件事时，往往顾不

得其他。不过，一般情况下也会因一点小事而伤感情或勃然大怒。这种人会轻易说出与过去完全矛盾的话，且并不以为意。

在人们的语言中，除了音感和音调之外，语言本身的韵律也能够透视人心的感情因素。

充满自信的人，他们谈话的韵律一般是肯定语气；缺乏自信的人或性格软弱的人，讲话的韵律则犹豫不决。其中，也会有人在讲一半话之后说："不要告诉别人……"那么，这种情况多半是秘密谈论他人的闲话或缺点，但其内心却又希望自己所说能够传遍天下。

一般来说，成功的政治家、企业家，等等，在掌握言谈的韵律方面，都有自己的独创之处。就是这种细节性的处理方式，才能够使他赢得社会或下属的尊重和信任。

说话速度慢的人，一般都性格沉稳，他处世做人一般是那种十足的慢性子。

如果话题沉闷、冗长，要有相当时间才能告一段落的情况，说明谈论者心中必潜藏着唯恐被打断话题的不安。唯有这种人，才会以盛气凌人的方式谈个不休。至于希望尽快结束话题交谈的人，也有害怕受到反驳的心理，因此经常会让对方有意犹未尽的感觉。

另外，若一个人总是滔滔不绝谈个不止，那么他一方面是目中无人，另一方面就是喜欢表现自己。这类人的性格十分外向，但不是很讨人喜欢。

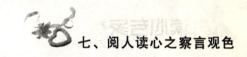

语言风格展示个人修养

人们都在追求自己的个性，由此，人们各自都有不同于他人的语言风格，实际上，一个人的语言风格最能展现他的个人修养，幽默的语言是各自语言风格的一个最佳体现。

当一个人将他的幽默感表现出来的时候，他的个人修养也随之显示出来。以下有几种不同的幽默语言风格表现形式，对照一下，有助于更好地了解和观察一个人。

用一个幽默来打破某一个僵局，此类型的人大多随机应变能力比较强，反应快。因自己出色的表现，他们或许会成为受人关注的对象，这很迎合他们的心理。他们多有比较强烈的表现欲望，希望能够得到他人的认可和注意。

常常用幽默的方式来挖苦别人的人，多心胸比较狭窄，有强烈的忌妒心理，有时甚至做一些落井下石的事情。他们有较强的自卑心理，生活态度比较消极，经常进行自我否定。他们最擅长挑剔和嘲讽别人，整天盘算怎么整人，自己却从未真正地开心过。

或许你会发现，一个小小的幽默故事，也能让你成为众人关注的焦点，让你增添几分光彩照人的魅力；它会使原本有些沉闷的气氛变得轻松活泼，恰似注入一股雨过天晴般的清新空气，从而漫过一丝心底的温馨。

　　同样，幽默是聪明和智慧的体现，一个具有强烈幽默感的人，往往更容易取得成就，获得成功。其实，任何一个人都是具有幽默感的，只是表现的方式有所不同罢了，并且受到时间、空间等多种条件的限制。

　　对于那些善于运用自嘲式幽默的人，首先应该具有一定的勇气，敢于进行自我嘲讽，这不是一般人能够做到的。他们的心胸大多比较宽广，能够接受他人的意见和建议，同时能够经常地反省自己，进行自我批评，寻找自身的错误，进行改正。他们这种气质，让他人看在眼里，很容易产生一股敬佩之情，从而为自己带来比较好的人缘。

　　善于用幽默的方式嘲笑、讽刺别人，此类型的人给他人留下的第一印象，是相当机智和风趣的，对任何事物都有细致入微的观察，能够关心和体谅他人，但事实上这种人是相当自私的，他们在乎的或许只是自己。他们在为人处世各个方面总是十分小心和谨慎的，凡事总是赶着要比他人快一步。他们疾恶如仇，有谁伤害过自己，一定会想方设法让对方付出代价。有较强的忌妒心理，当他人取得一定的成就时，会故意进行贬低。

　　那些乐于制造一些恶作剧似的幽默的人，他们多是活泼开朗、热情大方的人，活得很轻松，即使有压力，自己也会想办法缓解这种压力。他们在言谈举止等各方面表现得都相当自然和随便，不喜欢受到拘束。

　　他们比较顽皮，喜欢与人开玩笑，他们在这个过程中进行自我愉悦，同时也希望能够将这份快乐带给他人。

　　有些人为了向他人表现自己的幽默感，常常会事先准备一些幽默，然后在许多不同的场合不厌其烦地说。这一类型的人多比较热衷于追求一些形式化的东西，而且很在乎他人对自己持什么样的态度。生活态度比较严肃、拘谨，能够控制自己的感情。

跟事先预备幽默的人相对的是另外一种人，他们有很多幽默都是在自然而然中流露出来的，此类型的人大多思维活跃，有很强的想象力与创造力。虽然他们头脑灵活，思维敏捷，但并不擅长在制度完善的环境下一展所长，而是偏爱自由。他们的生活始终处在发掘新鲜事物的过程中，他们需要利用别人来发掘和增强自己的一些想法。

除此之外，从一个人对幽默笑话的反应中也可以看出其性格。例如，你在某天参加了一个私人聚会，你跟在场的朋友并不太熟悉，忽然某人说了一个颇有意思的笑话，众人几乎都笑翻了，你会是怎样的反应呢？

想笑却又忍住了笑意，这说明你是一个懂得做表面功夫的人，仅仅是皮笑肉不笑而已。假如遇上利益上的某种冲突，你会对对方极尽刻薄，而对其他的人又是笑脸相迎，是一个恩怨分明的人。

浅浅微笑，带一点羞怯，你虽然不太会表现出你的热情，但凡事行止合宜，长辈们对你会很满意的，只要你嘴巴上再甜一点，别像个闷葫芦，那你就会成为更受欢迎的人。

与大家一起大笑一场，甚至有过之而无不及，随和开朗的你是很容易跟陌生人亲近的，你只要求他人以同样的热情来对待。

口头禅背后的内心世界

一般来说，从一个人的口头语言就可以非常快速地了解他。因为口头语言是说话习惯的一部分，它是我们每个人在日常生活当中不知不觉就形成的一种特有的话语风格。从另一个角度来看，人们都会在不自觉的情况下使用自己的口头语言。

很多人说话时常常在无意之中高频度地使用某些词语，形成了人们所谓的"口头禅"，而这些语言习惯最能体现说话人的真实心理和个性特点。因此，只要留心，就可以从一个人的"口头禅"中窥见一个人的内心世界。

喜欢运用流行词汇的人，则热衷于随大溜，比较夸张。这样的人独立意识不强，而且没有自己的主见，容易随波逐流。

喜欢运用外来语言和外语的人，爱卖弄和夸耀自己，虚荣心非常强。

喜欢使用方言，并且还底气十足、理直气壮的人，自信心很强，富有独特的个性。

喜欢使用"这个""那个""啊"等词语的人说话办事都比较谨慎小心。这样的人就是我们所说的"好好先生"，他们对人对事都非常温和，绝不会随意生气。

喜欢使用"最后怎么样怎么样"之类词汇的人，大多潜在欲望没有得到满足。

喜欢使用"确实如此"的人，多浅薄无知，自己却浑然不知，还常常自以为是。经常使用"我"之类词汇的人，不是代表着软弱无能、总想求助于别人，就是虚荣浮夸，寻找各种机会表现自己，希望自身能够引人注目。

喜欢运用"其实"的人，表现欲较为强烈，希望能引起他人的注意。他们的性格大多任性倔犟，而且自负。

喜欢使用"真的"之类强调词汇的人，大多缺乏自信，害怕自己所说的话无人相信。遗憾的是，他们这样再三强调，反而会更加引起别人的疑心。

喜欢使用"你必须""你应该"等命令式词语的人，多专制、固执、骄横，有强烈的领导欲望，并且永不满足。

喜欢使用"我个人的想法是……""您看是不是……""您看能不能……"一类词汇的人，一般较和蔼亲切，待人接物时，也能做到客观理智，冷静地思考，认真地分析，然后作出正确的判断和决定。他们不会独断专行，能够给予别人足够的尊重，同样也会得到别人的尊重和爱戴。

喜欢使用"我要""我想""我不知道"的人，大多思想单纯，爱意气用事，情绪不是十分稳定，会让人琢磨不定。

喜欢使用"绝对"这个词语的人，做事十分草率，容易主观臆断，他们不是太缺乏自知之明，就是自我意识太强烈了，让别人很难接近。这种喜欢说"绝对"的人，大多有一种自爱的倾向，有时他们的"绝对"被人驳倒之后，为了隐瞒自己内心的不安，总要找一些理由来加以解释，总想让自己的东西被人接受。其实，别人不相信他们

的绝对，他们自己也不相信这样的"绝对"，只不过是为了维护自己的所谓尊严而强撑着。

而另外一些口头语出现频率极高的人，大多做事情犹豫不决，意志软弱。那些说话时没有口头语，这并不代表他们从未有过，可能以前有，但后来逐渐地改掉了，这表现出一个人意志坚强，说话非常简洁明了。

如果想要从口头语言上更多地了解一个人，从而非常自如地驾驭你的对手，那么你就要在与对手打交道的过程中多花费点心思，仔细认真地揣摩，时时刻刻地回味分析。用不了多长时间，你就能迅速地从口头语言上了解你的对手。

从闲谈破译他人的心态

从语言密码中破译他人的心态，闲谈是了解他人的一种最好的方式，整个氛围显得轻松愉快，又让他人心理上没有防线。

与人谈话时，一些见识浅薄，没有心机的人就会很容易地把自己的不满情绪倾诉给你听。对于这种人，你不应和他保持更深更多的交往，只需当作一个普通朋友就行了。

如果说与别人刚刚认识，交往一般，而对方就忙不迭地把心事一股脑儿地倾诉给你听，并且完全是一副苦口婆心的模样，这在表面上看来是很容易令人感动的。然而，转过头来他又向其他人做出了同样的表现，说出了同样的话，这表示他完全没有诚意，绝不是一个可以进行深交的人。

这种人对一切事物都没有什么深刻的印象，千万不要附和他所说的话，最好是不表示任何意见，只需唯唯诺诺地敷衍就够了。

另外，还有一类人，他们唯恐天下不乱，经常喜欢散布和传播一些所谓的内幕消息，让别人听了以后感到忐忑不安。其实他们这样做的目的是为了引起别人的注意，满足一下他们不甘久居人下的虚荣心。他们并不是心地太坏的人，只要被压抑的虚荣心获得满足之后，天下也就太平了。

善于倾听的人，其表现的是支配者的形态，此类人的谈话从不涉及自身的事情，或有关自己身边人的话题。他们的话题反而是涉及他人的某些琐事，或对方的隐事秘闻，甚至对他人的一举一动或每条花边新闻都捏着不放手，这是完全彻底地侵犯他人的隐私。

从男女情况的角度而言，表示你很关心对方，或者极度热爱对方，因为你是个忠诚的倾听者。

像这样的倾听者，十分喜欢把话题的重点放在跟自己完全无关的人、名人、歌舞影星的花边新闻逸事方面，这说明他的内心存在一种起支配作用的欲望。

由此可以得出，此类人沉迷于闲谈名人或明星风流韵事的人，同时也说明此类人很难拥有真正的知心朋友。这类人或许是由于内心生活非常孤独，没有生命的激情。一个人过于关心自己不太熟悉的事情，并且非常热心去谈论他们，都是表示他们内心世界的空虚和孤独。

在日常生活中，还有一类人，他们无论在怎样的场合，与他人交谈的时候，都习惯把话题引到自己的身上，吹嘘自己当年怎样奋斗的

经历。唯恐他人不了解他的光荣历史，而结果，并不像他想象得那样好。

实际上，从某个方面来分析这类人，不难发现他是一个对现实不满的人，虽然他没有用怨恨的语言倾诉他自身的想法，相反却用自我表现的方式表达出来。

其实，他还不知道这种自我吹嘘的言谈，很难适应时代的变化。或许他是个不折不扣的失败者，完全靠怀旧来过生活。

不过，可以看出他的确陷入某种欲求不满的环境中，或许他的升职途径遭受到阻碍，或者无法适应目前所处的环境。因此，他希望忘却现实，喜欢追寻往事来弥补目前的境遇。

这是一种倒退的现象，因为眼前的情况是如此的残酷，由此，他仍用梦幻般的表情来谈。从他的话题里，别人会发现他的内心深处正潜伏着一股无可救药的欲求和不满的情结。

分析一个人内在表现的时候，他的潜在欲望不但隐藏在话题里，也存在于话题的展开方式上。在聚会上，大家彼此正在交谈时，突然有人竟然不顾别人的谈话，而突然插进毫不相干的话题，这是相当令人讨厌的方式。

有些人在与别人谈话的时候，常常会把话题扯得很远，让人摸不着头绪，或者不断地变换话题，让人觉得莫名其妙。这说明此类型的人有着极强的支配欲和自我表现意识，在他的意识中，很少把别人放在眼里，而完全摆出我行我素的模样，让别人都去听从他的主张，以他的意见为主导。

一般来说，一个企业的领导，都会有滔滔不绝谈话的习惯，其实，透过这种表面的现象，可以看出他担心大权旁落的心理状态。也可以说，他是一个喜欢占据优势地位的人。

话题的内容不断变化固然是个好现象，但谈得离谱，一切显得毫无头绪的样子，那就会使听众感到索然无味。假如他是个普通人，总谈些没有头绪的话题，或者不断改变话题，东拉西扯，那就表示他的思想不集中，给别人留下支离破碎的印象。这说明他是个缺乏理性思考的人。

一个优秀的谈话者，是很少谈及自己的事情的，而是将他人引出来的话题整理、分析，不断地从对方身上吸取有用的情报或观点。在一般情况下，有的人将全部注意力放在倾听别人的谈话上，从性格上来看，这一类型的人容易理解别人的心思，而且具有宽容的精神，有真正的君子风度。

常常使用与英文连接词"and"意义相当的词如"嗯……还有……""这些……""那些……"的人，表示他的话不能有条理地进行，思绪无条理，思考无头绪。但即使使用同样的连接词，经常用的与"but"意义相当的"但是……""不过……"的人，一般可以认为其思考力较强。当他们在讲话的时候，脑子里还会浮现相对语以求过滤求证。所谓的能言善辩、头脑敏锐的人，就是指此类人。但是假如此种语调反复出现多次，其理论也随之翻来覆去，迫使对方紧随不舍，在不知不觉中被别人牵着鼻子走，失去了招架之力。

经常使用这种表现手法的人，大多数比较慎重，也正是这个原因，说话时难免会出现时断时续的情况，只好在重新整合之后，才可以继续说下去，这是一种缺乏自信心的表现。

宋代文学家苏东坡，他极具有语言的天赋，雄辩无碍的他，却十分注重别人的谈话。有时和朋友在一块聚会，他总是能静下心来，听

朋友们高谈阔论。在一次聚会中，米芾问苏东坡："别人都说我癫狂，你是怎么看的?"苏东坡诙谐地一笑："我随大流。"众友为之大笑。即使是朋友之间不同的观点，他也以"姑妄言之，且姑妄听之"的态度来对待。

从客套话中看清对方的真心

在人际关系中，最容易被破译密码的语言就是客套话。客套话的存在，是社会发展的必然结果。但要恰到好处地使用客套话，如果过分牵强而显得不自然的人，说明此人别有用意。随意的语言则是客套话的反面，一些人会对自己心仪之人，必然冒出随意的言语，用来表示双方的关系非同一般，给人以亲密感的误会。

在没有任何隔阂的人际关系中，并不需要使用客套话。不过，在这种亲密的人际关系里，突如其来地夹入几句客套话的时候，就必须格外小心。有时候，男女朋友之某一方，使用不同于寻常的客套话时，心中很有可能有别的想法。

某些都市的人，对他乡人说话很客气，从另外的一个角度看，是一种强烈的排他性表现。因此，往往无法与人熟悉，只是给人以冷淡的印象。

客套话使用过多，不见得是完全表示尊敬，往往也可能含有很多轻蔑与妒忌因素。同时，在无意中会将他人与自己隔离，具有防范自己不被侵犯的预防功能。

如果张口闭口都爱抬出一大堆晦涩难懂的词语，就会让人有一种走错庙门的感觉。实际上，他仅仅是一个用语言当作防卫自身弱点的人，他之所以这样做，无非是加强说话的分量，同时也表示自己的见多识广，来抬高自己的身份或扩大自身的影响。

宋代有个性情散漫之人叫王子韶，他的口才很好，在他任县令的时候，还不是什么知名的人物。有一天，他进谒一位显贵，当他到达之时，那名显贵和其他客人在探讨《孟子》，就没有把位卑人微的王子韶放在眼里，只顾谈兴而没有正视王子韶的存在。待了很久，那位显贵突然停下话来对王子韶说："你读过《孟子》吗？"王子韶回答说："那是我生平最喜欢的一本书，只是我全然读不懂其中的意思。"显贵便问："哪一句读不懂呢？"王子韶说："'孟子见梁惠王'，只是第一句已是不懂了。"显贵十分的惊讶："这句有什么难懂的地方呢？"王子韶趁机说："孟子既然说'不见诸侯'，为什么又去见梁惠王呢？"王子韶之所以说这句话是因为孟子还说过，"虽不见诸侯"，但"迎之以有礼，则就之"。王子韶引此讥主人无礼。显贵见名不见经传的王子韶有如此机智，遂重之。

由此可见，喜欢借用名人的语句或典故，可以凸显自己标新的立异。

从日常交流的动作语言看人

我们要完完全全地认识一个人，只听他说出的话是远远不够的，因为他的话可能是真也可能是假，还有可能半真半假。

在日常生活当中，人们仅仅依靠一张嘴是很难完成交际沟通的，以及真实全面地传达出自己的感情，于是采用了一些辅助手段。手舞足蹈说的是人高兴时的手足动作，抓耳挠腮说的是人着急时候的样子，张牙舞爪说的是人凶恶的表现……从中不难看出身体的动作可以作为表达情感的辅助工具，也可以从中窥出一个人的性格特征。所以要想深入了解周围人的真情实感，可以从细心留意他们的一举一动入手。

东拉西扯，频频打断别人话题的人，这种人倾向于冒进，欠缺稳重，给人一种毛头小子的感觉，很少有人会和他们长时间地交流，更别提促膝而谈，所以他们很少有真正的朋友和可以依靠的人。除非有求于他们，但必须提防的是他们做事往往虎头蛇尾，雷声大，雨点小，所以千万不要把全部的希望都寄托到他们身上，否则定会吃大亏。

习惯性点头的人，这种人比较关心他人和体贴别人，知道给予配合的重要性。及时表达自己的认同，可以使说话者增强自信和对谈论话题深入思考，并得以充分发挥，有利于找出最好的解决问题的方法，于人于己都有好处。在日常生活与工作中，他们同时也是愿意向他人伸出援助之手的人，能够尊重别人的弱点，在力所能及的范围内寻求到解决的方案，具有热心助人的性格特征。能够聆听别人全部的说话内容，并给予认真的思考回答，让说话者会有被认可的感受，因此，会认可和欣赏他们，把他们当成可以深交的伙伴。他们也是一些乐于交朋友的人，这不仅表现在能够给予朋友力所能及的帮助，而且还在内心深处关怀和体贴朋友，处处为朋友着想，时时想着为他们排忧解难，准备随时帮助朋友，最为难得的是经常在尚未得到别人请求协助的时候便伸出了援手。

心不在焉的人，这种人属于精神涣散者。他不重视谈话过程，自然不会在意谈话内容，假设用心听了，那也是粗枝大叶，丢三落四。这种结果的外在表现是他们办事容易拖拉，一延再延，因为他们根本就不知道对方让自己做什么，而且得过且过；如果目标已经明确，条件也具备和成熟，他们却又往往无法把精力集中起来，或是一心二用，或是驰心旁骛，接到手中的任务往往不了了之，毫无责任感，终生难有所成就。

喜欢凝视别人的人，是一种意志力坚定的表现，他们常常不用过多的言语与动作就已显得咄咄逼人了，而且不管是男是女，都表明他或她现在是充满力量的强者。假如眼光真的可以杀人的话，他们的凝视肯定可以成为致命的武器，因为与这种目光接触，难免会有受到攻击的恐慌。实际上，大多数人之所以凝视他人，只是为了想看穿对方的性格而已，并无实际攻击意图。

乐于与别人目光接触的人，无疑是主动向对方展示自己的内心，表明既希望能够深入了解对方，也为对方了解自己敞开了大门。他们充满了自信和直爽，从不怀疑自己的动作会给他人带来不愉快。他们

懂得为他人着想，所以做事专心，尽量满足大家的要求，希望做出好的成绩让公众认可自己，接纳自己；懂得礼貌在交际中的作用，能够把握分寸，非常适合需要面对面进行交流的工作。

乘人不注意窥视他人的人，这种人属于心术不正类型。自身根本就没有什么特长或惊人之处，但却总是想着能够"不鸣则已，一鸣惊人"。他们不知如何才能实现这个愿望，而现实当中又很少有人愿意理会这些空想家，结果使他们的自尊心受到很大的伤害。为了实现自己的白日梦，向世人证明自己的存在价值，他们学会了"工于心计，善使机关"。

坐立不安、精力充沛的人，这种人给人一种事业型的感觉，而他们也正是按照事业类型打造自己的。由于身边的工作机会很多，为了早日实现自己的目标，他们不允许自己错过任何机会，积极投入身边的所有事情当中，忙完这个忙那个，放下一头又抓起另一头，结果心急吃不了热豆腐，疲于奔命，造成极度的紧张，无法专心致志于分内工作，得不偿失。

动作夸张的人，哪怕是鸡毛蒜皮的小事，他们也要上蹿下跳，扰得周围的人不得安宁。但他们的本质是好的，并不是存心想要别人不舒服，之所以会这样，其实是按捺不住热情和好强，认为光靠言语不足以表达心中炽热的感情，所以必须加进一些夸张的动作来表达自己的内心想法，以引起他人的注意和进行思考。可是在他们的内心深处，通常存在着极度的敏感和不安，他们无法确定自己的这种方式能否被人认可和喜欢。

八、阅人读心之细看喜好

涉及兴趣爱好的时候，常常是一个人个性最张扬、防御最松懈的时候。一般来说，兴趣爱好总是和人的性格有关系，如果两个人有相同的兴趣爱好，这就说明两个人在性格的某些方面有相似之处。因此，识别一个人可以从他的兴趣爱好入手，这样不仅能够近距离看清他人的"庐山真面目"，而且容易找到针对性解决问题的方法。

阅报偏好体现的性格差异

　　报纸是一种信息载体，可以满足我们很多需要，使我们既可以了解身边的新闻，也可以综观世界风云，所以报纸成为人类生活必不可少的重要内容之一。报刊书籍是人类最伟大的朋友，无时无刻不在更新着人类的思想，传递着人类的文明。由于种种原因，每个人都养成了不同的阅读偏好，因其不具有任何强制性，因此，从中我们可以窥视出一个人的内心世界。具体分析如下：

　　为了打发时间、寻找乐趣而阅读的人忠厚老实，他们得到报纸后随手一扔，等感觉到烦闷和无聊的时候才拿出来看。这类人一般比较内向、孤独，办事拖泥带水，情绪不稳，没有魄力，自视清高，人际关系差，但有很强的想象能力，不钻牛角尖，忠厚老实。

　　浏览报纸内容迅速的人富有活力，信心百倍，外向，喜欢热闹，不善隐瞒，不迟钝呆板，不排斥新事物，办事周到积极，随遇而安，有时喜欢张扬，听不进他人劝诫。只要一拿到报纸后，必先将报纸各版的内容了解清楚，哪怕时间紧迫，也置之不理，随后就会忘记放在什么地方。

　　抽时间细心阅读报纸的人做事比较认真负责，买来报纸之后，并不急于阅读，而是放在一旁，用最快的速度将手头上的工作做完、做好，等到没有其他的人或事分心时，再静下心来阅读，并将其重要的内容裁剪下来保存好。他们较为内向，不善言辞，讲究实际，自找乐趣，认真负责，自控能力强，能够独当一面，对交际应酬不感兴趣，对他人也显得热情不足。

仅阅读自身喜欢内容的人幽默自信，拿到报纸后会用最快的速度将大概内容了解清楚，选择自己感兴趣的内容，有时为了满足好奇心抢夺熟人的报纸；当发现没有自己喜欢的内容之后会把报纸搁置在一旁，偶尔抓过来作为他用。他们大多活泼外向，喜欢热闹，幽默自信，广交朋友，对很多东西都感好奇有领导才能，但做事往往不能精益求精，有时敷衍了事，好捅娄子。

喜欢阅读时装杂志的人很难做成大事，出手大方，追求时尚，以掌握最新富人服装信息与流行趋势为乐事，以显示自己在此领域内的能力和水平；由于他们把时间和精力都花费在了外表上，忽略了内在修养，所以很少能成就什么大事业。

喜欢阅读财经杂志的人争强好胜，不甘寂寞，不喜欢安于现状，而且有知难而进的勇气，不愿屈从，最喜欢超越别人；渴望荣誉，崇尚权威，努力寻找发达的时机，为自己的人生谱写出光辉灿烂的一笔。

喜欢阅读武侠小说的人追求浪漫，富有幻想，感情丰富，心底深处有某种压抑很深的英雄情结，总是希望自己能出人头地；感情有时过于细腻，反而不讨女性的喜爱；个别人性格倔犟，偏执，但不影响其引人注意的特性。

喜欢阅读言情小说的人十分注重感情，能够随着故事情节的发展而同小说人物一起悲欢。他们对事物有很强的洞察能力，自信和豁达；

吃一堑、长一智，很快会恢复元气，有成就事业的可能，这样的人以女性居多。

喜欢阅读侦探小说的人喜欢挑战思想上的困难，知难而进，富有幻想和创造，想象力也比较丰富；善于解决难题，面对困难能够从不同的角度进行分析，尝试解决，喜欢挑战别人不敢做的难事。

喜欢阅读恐怖小说的人不善思考，简单的生活让他们感到很乏味，渴望用刺激或冒险激活自己的脑细胞。他们有懒惰的性格，因此，很难从周围获取乐趣和欢愉，同时对身边的人不感兴趣，所以不太合群，独处一隅的时间比较多。

喜欢阅读科幻小说的人富有幻想力和创造力，想象力非常丰富，往往被科学技术所迷惑或吸引，喜欢为将来拟定计划，但不讲求实际，缺乏持之以恒精神；总是为他人喝彩，很少打造自己的辉煌，常常在幻想当中过日子。

喜欢阅读通俗读物的人喜欢看街头小报、期刊杂志。他们直爽可爱，热情善良，善于使用巧妙而又幽默的话语活跃气氛。他们有着十分强的收集和创造能力，趣味性的话题总是张口就来，他们常常是大众眼中的"开心果"。

喜欢阅读漫画书的人一般都喜欢游戏，单纯幼稚，童心未泯，性格开朗，容易接近；喜欢自由自在，无拘无束，不想把生活看得太复杂；对别人不加防备，往往在吃亏上当后才发觉自己是那么的幼稚，能够吃一堑、长一智。

喜欢阅读历史书籍的人讲求实际，创造力丰富，不喜欢胡扯闲谈，把时间都用在有建设性的工作上面，讨厌无意义的社交活动。古为今

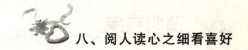

用，他们能够从历史事件当中汲取对自己人生有意义的东西；具有很强的分辨能力，深受周围人的赞赏。

喜欢看传记的人具有强烈的好奇心，谨慎小心，野心勃勃。他们善于统筹全局，衡量利弊得失，不打没有把握的仗，条件不成熟绝不会越雷池一步。

卧室装饰展现人的心态特征

卧室可以说是一个非常个人化的空间，它可能是唯一一个完全属于自己的场所。如何把这一有限的地方充分加以利用，达到最好的效果？这往往取决于卧室主人的品味和智慧。

一间卧室若要把它装饰得恰到好处，每一件小饰物，都应该凝聚着房间主人一定的心思和精力。所以，从卧室的装饰和摆设往往能看出其主人是一个什么样的人。

卧室就是生活的中心，它可以用来吃饭、睡觉，还可以用来娱乐。这一类型的人，多是比较外向的，他们希望自己能够多些对他人的了解，同时也希望他人能够对自己多一些认识。他们乐于与他人一起分享自己的幸福和欢乐，同时也能够快乐着他人的快乐，痛苦着他人的痛苦。他们渴望能够拥有一块真正属于自己的自由空间，然后随心所欲地做一些事情。这一类型的人，自信心不是特别强，但他们善于调

整自己，以使受挫感降到最低的限度，使自己能够很快地重新再站起来。

在生活中，几乎每一个人都有自己崇拜的人物，有些人习惯把自己所崇拜和敬仰的人物的海报贴满卧室。这一类型的人性格多少有些孤僻，若想更好地与人相处，存在着一定的困难。这一类型的人还有一些不注重实际，常会放弃一些唾手可得的东西，而去追求那些遥不可及的事物。他们缺乏自信，常常进行自我贬低，而抬高他人，他们总是觉得自己处处不如人。

卧室只是用来睡觉的，除此以外，其他的所有事情都在卧室之外的空间进行。这一类型的人的卧室经常保持整洁、朴素，每一件东西都有其自己的位置和特定的空间。他们的性格与卧室有着一定的相似之处，他们在为人处世各个方面都有一定的规律性，而且懂得控制自己的情绪，不轻易发怒。他们能够保证自己在绝大多数情况下的表现都非常得体、自然。

卧室虽然被装潢得美轮美奂，但却没有多少鲜明的个人特色，这表明这间卧室的主人虽然有一定的欣赏格调，但却拘于形式、规律而无法放开手脚，自由活动。他们对自己缺乏自信，经常否定自己。为了维持住现状，他们总是千方百计地想办法以最好的方式应付出现的各种情况，而绝对不会惹是生非，制造情况。他们在多数时候宁可奉命行事也不愿意当领导。

有些人的卧室非常整洁和干净，但另外还有一些人的卧室却乱得不成样子，简直是一个垃圾仓库。这一类型的人，虽然外表上看起来可能也是非常利索的，但实质上则十分拖沓。他们为人多是比较热情的，但做事缺乏认真负责的精神，常常是得过且过，敷衍了事。

卧室里有各种玩具以及健身用的器械，这一类型的人多是外向型的，他们比较开朗和活泼，为人热情亲切，而且还具有一定的同情心。他们希望生活中时时充满激情，而讨厌死气沉沉、一成不变的慢节奏生活。

房间里保留许多孩提时代留下来的东西，如各种玩具、有纪念价值的艺术品，甚至得过的奖状，等等。这一类型的人有比较重的怀旧情结，常常会陷入过去的某种情境中而无法自拔。他们乐于受到父母亲人的保护及约束、限制，在思想上并不算十分成熟。他们多有较强烈的依赖心理，缺乏冒险意识，最乐于过目前这种衣食无忧、逍遥自在的日子。

旅游方式折射性格差异

目前，旅游越来越成为一种时尚和潮流。在工作、学习之余，抽出一些时间，或独自一个人，或是与亲人朋友结伴，或是参加一些旅游团，到一些旅游景点去玩一玩，既放松了自己紧张和疲惫的心情，又可以丰富和提高自己的知识见闻，真可谓是一举多得。除此以外，从旅游偏好中还可以了解一个人的内心世界。

喜欢在海滩上漫步的人，一般个性有些孤僻，保守且传统，渴望

自己能够离群索居，过隐居式的生活。他们对各种人际关系和交往并不热衷，因此人际关系并不是很好。他们没有太多的朋友，但一旦有，却是感情非常好的。他们有一定的责任心，尤其是对自己的子女，往往会投入相当大的时间和精力。

喜欢欣赏风景的人，一般讨厌被人管制，他们对乏味的、刻板的、一成不变的生活充满了厌倦，而向往能有一些新鲜、刺激的东西注入到生活中来。他们想过丰富多彩的生活，他们具有相当充沛的精力，希望自己能够单独做一些事情。他们是具有一定的责任心的，会对自己该负责的事或人负起责任。他们具有丰富的创造力和想象力，总是不断地向新的未知领域挑战，对新体验有浓厚的兴趣，制造出一些意外的惊喜，当然有时候也是灾难。

旅行时喜欢参加旅游团随团旅游的人，一般比较理性，具有一定的逻辑思辨能力，会把每一件事情都计划得井井有条，然后再去做。他们希望什么事情都在自己的计划下有条不紊地进行，任何意外之旅对他们都毫无意义。比较现实，不富有幻想，也从不期待着会有什么意外的惊喜出现。此外他们个性豪爽，为人较坦率，也比较大方，有好的东西，经常会拿出来与其他人一起分享，而且他们是那种特别喜欢交朋友的人，只要别人懂得欣赏他们，他们会更真心地对你，比较赏识有才华的人。

喜欢到各地去探访亲戚朋友的人，一般对人有超乎寻常的忠诚，他们在待人接物方面表现出来的最大特点就是真诚和热情，而不是虚伪和做作。在与亲人朋友相处的过程中，会给他们带来极大的充实感和满足感，他们把这一切看得都很重。他们是尊重事实的楷模，一般都实事求是地面对一切。

喜欢出国旅游的人，追求时尚潮流的领军人，他们喜欢刺激，对生活中的变化非常积极。此外，他们比较具有幽默感，这样可以让他们以一种相对积极、乐观而又向上的态度来面对生活，不会被生活中的一些挫折和磨难压垮，从而时刻保持着充沛的精力和热情。

喜欢旅行时在外露宿的人，是传统思想的拥护者，拥有崇高的道德标准，懂得规范和约束自我的言行，使自己达到一定的境界，让人赞叹。他们个性相对独立，具有一定的想象力和创造力，但他们的生活并不是存在于幻想之上，他们是很注重客观实际的。

汽车喜好体现个人品位

随着国民经济水平的提高，对一些人来说，拥有属于自己的汽车不再是梦想。喜欢什么样的车子，往往是个人品位的浓缩，由此也可对一个人的性格有个大致的了解和把握。

喜欢豪华车的人，这种人性格外向，比较自信。希望自己的表现与众不同，并且具有一定的影响力，能够吸引他人的目光。他们时常有成功的感觉，这种感觉多来自他人的赞美，可这又不是完全真正发自内心的肯定。

喜欢进口车的人，这种人性格外向、自信、要强，非常现实的利

己主义者,他们缺乏集体团队精神,凡事只要能给自己带来益处的多全盘接受。他们虽然也有很强的交际能力,但其中多以物质利益为纽带,一旦这一环节出现故障,那么一切都会不攻自破。

喜欢吉普车的人,这种人有过强的虚荣心,取胜欲望强烈,希望把他人远远地甩在后边,自己永远保持第一名的优势。自主意识也比一般人强烈,喜欢吉普车的人的性格往往就像吉普车一样,能够不辞辛苦地进驻许多交通工具无法到达的地区。

喜欢轿车型汽车的人,这种人自我感觉良好,他们总是乐于向他人炫耀自己,从而想证明一些什么。他们希望自己能够得到他人更多的尊重和爱戴。

喜欢旅游车的人,这种人性情温和,诚实可靠。比较勤俭、节省,过日子时喜欢精打细算。他们总是能利用有限的时间、精力和金钱做出与之不等量的事情来。他们在很多时候会赢得他人的尊敬和赞扬。

喜欢双门车的人,这种人的控制欲和占有欲望是很强烈的,他们希望自己能够领导他人而不是被他人领导。某一事物,一旦进入他们的视线且被看中,他们就会尽一切努力去争取,有股不达目的誓不罢休的劲头。在为人处世方面,他们更多在乎的是自己的感受,而很少顾及到他人的心理,而对于他人有什么样的心理,也是持一副毫不在乎的无所谓态度。

喜欢四门车的人,这种人有较强独立的个性,他们讨厌被人所左右。因为自己有过深刻的被人限制的感受,所以他们从来不会去约束别人。他们在绝大多数时候会尊重他人的意见和看法,给他人更多的自由选择的余地,哪怕这种选择对他们来说可能是一种伤害,也还会抱着理解和支持的态度。这一类型的人对人随和，待人亲切，所以会赢得更多人的依赖和尊重，为自己营造出比较好的人际关系。

喜欢敞篷车的人，这种人属于外向型的性格，他们乐于与外界进行各种接触，而讨厌死气沉沉的生活。他们喜欢热闹，对色彩鲜艳华丽的事物情有独钟。他们对人多比较热情，富有同情心，能够给予他人关心和帮助。这一类型的人，对新鲜事物的接受能力也是很快的。

运动喜好透视对方

人也不外乎是一种动物，"动"是其与生俱来的特性。所谓的"动"其中就包括身体运动。其实，运动对于人而言是一种必不可少的生活方式，而每个活着的人都在做着不同形式的运动。因人而异，人们会选择和热衷于不同的运动方式，当然最起决定因素的就是人的个性特征。

喜爱足球的人，应该是相当富有激情的，对生活持有非常积极的态度，有战斗的欲望，干劲十足。因为那些没有激情的人，根本不能适应足球运动。要知道，足球运动本身就是一项很刺激的运动方式，能让人兴奋。

喜爱排球的人，一般都不拘小节，他们在做一件事情的时候，不管结果会是什么样子，但他们做事时的重视程度是常人所没有的。

喜爱网球的人，他们一般具备较高的文化素养，因为网球运动本身就具有贵族的气息和很高的格调。喜爱网球运动的人从整体上来说，大多是属于文质彬彬、有涵养的那一种人，他们对自己在各个方面的要求都比较严格，要求自己达到一个相对比较高的层次上，有时甚至会力求达到至善至美的境地。

喜爱篮球的人，一般有较高的理想和远大的目标。他们经常对自己的目标充满了信心，希望自己能够实现自己的远大抱负，希望自己能够比他人出色，总能先别人一步。他们可以做出很大的牺牲和努力，去完成自己想要达到的目标。这其中可能避免不了要遭遇失败，但他们失败以后多不会被击倒，不会一蹶不振、灰心丧气，相反地，他们凭借自己良好的心理素质以重新站起来、再接再厉的姿态来面对未来。

喜爱高尔夫球的人，高尔夫球也是地位、财富和身份的一种象征，因此可以说，这种运动确实只有是贵族才能有的一种运动方式。有的人可以喜欢，但他爱并不一定都能玩得起，那些能够玩得起的人，大都是具有比较强大的经济实力作支持的，而其本人也可以称得上是个成功者。这些人之所以能够成功，在于他们具备了成功者必备的宽阔的胸怀、远大的理想，也在于他们那坚强的毅力，以及不达目的不罢休的精神。

喜爱在家运动的人，购买运动器材，在家里做运动的人，可能是个爱冲动的人，因一时冲动，想买运动器材，结果就买了，可是通常都锻炼不了几回，因为家里事情比较多，比较烦琐，而且也没有那么坚强的毅力。

喜爱在体育馆或俱乐部运动的人，大多比较外向，喜欢和很多人在一起而不是单独一个人。他们会经常参加一些有组织性的活动，而在过程中，又能够遵守纪律。这一类型的人有一个最大的特点就是好奇心相对地要严重一些，喜欢打探别人的秘密和隐私。

喜爱慢跑的人，一般来说，性情都是比较温和、亲切的，对人也较热情，他们在很多时候能够和很多的人建立良好的交往关系。他们的心态比较平和，在绝大多数时候能保持冷静，他们没有太大的野心和抱负，比较容易满足现状。

喜爱举重的人，多比较偏重于追求表面化的东西，而忽略一些实质和内涵，他们通常都是很在意他人对自己持什么样的态度的，并为此可能会改变自己，迎合他人。

喜爱竞走的人，其性格是叛逆的、反传统的，他们喜欢标新立异，尽情地向人展露属于自己的独特的东西。他们的自主意识比较强，不希望被人管制和约束，而渴望自由自在地想干什么就干什么。

喜爱自己编排运动项目的人，其生活态度一般来说是比较严肃的，他们做任何一件事情都会非常认真地对待，并且追求高效率、高质量。他们对自己的要求比较严格，对他人也同样是。

喜欢边看电视边做运动的人，察言观色和自我意识能力比较强，他们往往是不需要别人说什么话，就能明白自己到底应该做些什么。他们懂得合理安排时间的重要性，所以在这一方面做得还算不错。

喜爱柔软体操的人，性格并不是特别的坚强，而且生活多没有什么规律，自我约束能力较弱，经常向自己妥协。这一类型的人若想自己今后的生活更好一些，最好的办法就是找一个在自己所存在的缺点方面很强的人来监视和督促鼓励自己。

喜爱边做事边运动的人，多是那种想象力相对较丰富，能把一些枯燥无味的事情变得趣味横生，让人很乐于去做的人。他们善于进行自我开导，有些事情即使十分不愿意去做，也不会有抱怨。相反，他们会克制自己，从而把做不愿意做的事情当成是自我修养、自我改进的训练方式。

喜爱骑自行车的人，相对的头脑要灵活许多，他们做事不会死脑筋，只沿着一条路走，而是在几条路中选择最便捷的一条。他们对新事物的接受能力比较快，好奇心也很强，喜欢去一些未知的领域进行钻研和探索。

喜爱走路的人，他们把走路当成是一种运动方式的人，他们的为人就和走路一样，既不稀奇也不时髦，但是一直坚持下来，从中受到的益处却是无穷无尽的。他们没有很强的表现欲望，对能够很好地突出自己的事情并没有多大的兴趣。他们只是保持着相对的平稳，做自己该做、能做的事情。他们很有耐心，并且也有信心做好每一件事情。

玩电脑，反映人的性格

一个人是否喜欢玩电脑，这也与他的个人性格有关。一般而言，外向型的人由于性格方面的特点，使用电脑并不太适合，就算他也跟一般人一样使用电脑，也绝对不会达到那种迷恋状态。

与外向型人相比，内向型的人喜欢井井有条的事物，而且，他们在数字与机构方面的能力很强，所以，他们学电脑就会感到非常轻松。

而且，电脑固定不变的程序运作，使内向型的人感到安心与信任。因为与人类比起来，电脑更实在，每次都能够获得期待的解答，绝对不致落空，而且电脑根据程序进行工作，不会像人一样撒谎，都能如实地回答操作者提出的任何问题。

尤其让人们放心的是，电脑绝对没有任何坏脾气，它会完全按照指令，井然有序地完成程序运算，同时完全不会有差错。那些把电脑带回家，完完全全变成"电脑迷"的人，一定是内向型人，这一点毫无疑问。

外向型的人有一种自我认识，他们认为单调的作业程序十分繁琐，那种要求严格、没有一丝情调的机械式工作，对他们而言简直就是一种折磨。

外向型的人，充其量只能把电脑当成电子玩具，借此打发无聊的时间罢了，而他们工作的时候，就尽一切可能不用电脑来完成任务。对于需要耐心与缜密思考力的软件制作而言，没有比内向型的人更适合了。而就算外向型的人具有这方面的才能，他们也远远不如内向型的人。

那些对电脑具有浓厚趣味的人，九成以上是属于内向型的人。

之外，像制造模型飞机、电子作业，以及喜欢摄影，喜欢录放映机、音响设备的人，一向以内向型的人为主。而那些声称"别人那样做，我也就跟着做……"的外向型之人，他们有时候可能凭借自己的热情干一段时间，但绝不会持之以恒。

其实每个人都有一些自己的嗜好，只不过有些时候，由于工作学习太忙了，以至于没有一点时间来做自己喜欢的事情，所以渐渐地就把它忽略了。嗜好不同于一般的工作和学习，工作和学习在很多时候都具有一定的目的性，为了某一目的而做，甚至是做也得做，不做也得做，这就感觉到非常被动。可是嗜好不一样，嗜好完全是自己喜欢、感兴趣的，做它是为了愉悦自己。有什么样的嗜好，这往往要依据一个人的性格而定，所以通过它来了解一个人实在是最好不过的了。

音乐也与人的性格相通

音乐是全人类共通的语言之一，不用去学习，我们都能自如地听得懂它。生活中到处都能听到音乐，没有音乐的生活会显得特别枯燥和无味。或许每一个人都曾有过在特定心情的时候曾被某一首音乐作品感动得泪流满面过。因为音乐是一种纯感觉性的东西，而从人们听音乐的时候喜欢听哪一类型的，就表明他在这一方面的感觉比较好，而这种感觉很多时候又是这个人心理的真实反映。

喜欢流行音乐的人，简单是流行音乐的主旨，这并不是说喜欢流行音乐的人都很简单，但至少他们在追求一种相对简单和自由自在的生活方式，而让自己轻松快乐一些。

喜欢摇滚乐的人，多是对社会不满，有些愤世嫉俗，他们需要依靠着以摇滚的形式来发泄自己心中的诸多情绪。他们会时常感到迷茫和不安，需要有一个人领导着逐渐地找回已经丧失或是正在丧失的自我。他们很喜欢与一些志同道合的人交往，他们害怕孤单和寂寞。

喜欢听古典音乐的人，一般是理性成分占多数的人，他们在很多时候要比一般人懂得如何进行自我反省、自我积累，从而留下对自己非常重要的东西，将那些可有可无的，甚至是一些糟粕的东西抛弃。这样的人大多很孤独，很少有人能够真正地走入他们的内心深处去了解和认识他们，所以音乐在一定程度上成了他们的伙伴。

喜欢乡村音乐的人，多是十分敏感的人。他们对一些问题常会表现出过分的关心，为人多较圆滑、世故、老练、沉稳，轻易不会动怒。他们的性格一般比较温和、亲切，攻击性欲望并不强，比较喜欢一种稳定和富足的生活。

喜欢爵士音乐的人，其性格中感性化的成分往往要多于理性，他们做事很多时候都只是从自己的感觉出发，而忽略了客观的实际。他们喜欢自由、无拘无束的生活，希望能够摆脱控制自己的一切。他们对生活往往是追求其丰富多彩，而讨厌一成不变的东西。他们的生活多是由很多不同的方面组成的，而这些方面又总是彼此互相矛盾着，从而给他们在表面笼罩上了一层神秘的面纱，使他们在人前永远是魅力十足的。

喜欢歌剧的人，其性格中有很多比较传统、保守的成分，他们多是比较情绪化的人，但在大多数时候懂得控制自己的情绪，不会随便地发作。他们做事比较认真和负责，对自己很苛刻，总是要求表现出最好的一面，而努力做到尽善尽美。

喜欢情境音乐的人，情境音乐听起来清脆悦耳，可以让人产生愉快的心情。喜欢情境音乐的人，其大多都是比较内向的，他们渴望平静和安宁，而不受到其他人或事的干扰。

喜欢背景音乐的人，想象力是非常丰富的，而他们的生活态度却有点脱离现实而沉于幻想，这就使他们有许多必然的失望。不过还好，他们比较善于自我调节，能够重新面对生活，只不过幻想并没有减少。他们的感觉是相当灵敏的，往往能够在不经意间捕捉到许多东西。他们乐于与人交往，哪怕是不相熟悉的人。

喜欢颓废音乐的人，大多数具有自卑感，他们的性格从某种程度上来说是比较矛盾的。他们讨厌一个人的孤独和寂寞，渴望与人交往，但他们又很难与人建立起相对良好的交往关系。在这种情况下，他们会产生一种很反叛的心理，颓废音乐正好使这种心理得到了满足。喜欢颓废音乐的人多崇尚暴力，有自我毁灭的倾向。

舞蹈比语言更能透露人的个性

跳舞是人类通过肢体语言进行沟通的方式，它超越了所有的文化，是社会化过程中相当重要的一环。舞蹈就像语言一样，不断演进，同时反映出社会的价值和历史的变迁。一个人跳舞的方式和喜爱的舞蹈，比说话更能透露出一个人的心理特征，这好比人可以用嘴撒一个谎，但是用跳舞来撒谎却是难上加难。

喜欢跳踢踏舞的人，一般精力比较充沛，表现欲望强烈，希望能够引起他人的注意。在遭遇挫折和磨难时，他们能够坚持下来，从而渡过难关。他们的时间观念相对较强，时间对他们而言是相当宝贵的，不会轻易地浪费。并且他们的应变能力比较突出，在面对任何一件比较棘手的事情时，都能够保持沉着冷静，认真地思考应对的策略，懂得怎样进退，以保全自己。

喜欢跳摇滚舞的人，大多数是一些年轻人，毕竟这是一种需要耗费大量体力的舞蹈，人一旦上了年纪，即使是喜欢，也有可能跳不了。无论是喜欢跳的还是只能喜欢而无法跳的，大多是充满了反叛思想行为的人。摇滚常常更容易使人发泄自己心中的任何不满情绪。喜爱跳摇滚舞的人，思想多是比较先进、前卫的，但这些先进、前卫的思想往往又很难被人接受理解，更不要说认可，因此说他们又是相当孤独的一群人。

喜爱跳芭蕾舞的人，一般大多数都具有很强的耐心，能够以最大限度的忍耐性把一件事情完成。同时，他们也很遵守纪律，具有一定的组织性，他们有一定的理想和追求，经常会为自己设定下一个目标，然后努力地去完成它们。除此以外，他们的创造性也是非常突出的，常常会有一些与传统背道而驰的惊人之作。

喜欢跳探戈舞蹈的人，其大部分人是不甘于平庸的，他们总是追求生活的丰富多彩，最好还要带有一些神秘性。他们很重视一个人的才华和素养，在他们认为，这可能是比其他任何东西都重要的事情。

喜欢跳华尔兹舞的人，多是十分沉着稳重，为人比较亲切、随和，

有一定的社会经验和阅历的人。他们精通各种礼仪，深谙人与人之间十分微妙的关系。因此，在为人处世、待人接物等方面，经过时间的磨炼和自我的要求，他们总会表现得十分得体，恰到好处，在无形之中流露出一种成熟而又高贵的气质和魅力。

喜欢跳爵士舞的人，基本上来说是属于一种即兴的舞蹈，喜欢这种舞蹈的人，多具有较强的随机应变的能力。他们在为人处世方面多不拘小节，只要能说得过去就可以了，而且具有一定的幽默感，这种幽默感并不是故意表现出来的，而是一种机灵和智慧的自然流露，他们很喜欢和很多人在一起，但如果只是一个人也能够寻找和创造乐趣。

喜欢跳拉丁舞的人，拉丁舞包括了桑巴、恰恰、玛伦给，等等，喜爱这些舞蹈的人，多是精力充沛而又魅力十足的，他们有很强的自我表现欲望，希望能够吸引更多人的目光，而实际上，他们也会引起他人的关注。

喜欢跳交际舞的人，大多数很乐意与他人交往，对人与人之间那种相对频繁和友好的互动关系更是情有独钟。他们在为人处世方面多是比较小心和谨慎的，而且具有较强的创造和组织能力。

珍藏品蕴藏着人的心绪

保存纪念品对人而言是有着非常重要的意义和作用的，它多是对过去生活的一段总结和记录，会让人在记忆中对这段生活有一个完整的回忆。

珍藏旅游纪念品的人，对自己的追求和理想往往有比较强烈的执著精神，为此可以经受比较严峻的各种挑战而毫无怨言。他们待人比较坦诚，但做事往往欠缺周密的考虑和打算，以至于到最后可能会出现一些不尽如人意的现象。

珍藏旧情书的人，大多怀旧情结比较严重。他们有很多的浪漫情调，并总是在不断地找机会进行实现，除此之外还有一些多愁善感。他们并不坚强，对他人有依赖心理，总是希望自己成为被关心、帮助的对象。

珍藏旧电话号码本的人，他们多是十分看重与人的交往的，对友情十分忠诚。

珍藏旧玩具和旧游戏的人，多玩性较重，他们对生活的态度多是积极和乐观的，即使遇到某些遭遇和变故，也能够及时地开导和调整自己，以快乐的心境来面对。

喜欢收集破器具、旧钉子、生了锈的螺丝钉等东西的人，多具有

比较强的宽容力和忍耐力。他们有大公无私的精神，这种精神自然会使他们很容易地就得到他人的赞赏。他们有时候也会伤害到他人，尤其是自己比较亲近的人，他们时常会为了其他人、其他事而忽略了自己的亲人。

珍藏旧书、旧报纸、旧杂志的人，多是很有些文化底蕴的人，他们长时间保持有读书看报的习惯，知识学识比较渊博。这一类型的人常有些自命清高，从不攀附权贵，淡泊名利，有些自以为是，不太容易接受他人的意见和看法。

珍藏注销了的支票和收据的人，多具有较强的组织能力。在为人处世等各个方面比较小心和谨慎，办事脚踏实地，有条有理。但有时会把时间和精力浪费在一些小的细节上，这严重地影响了成功的概率和速度。他们具有一定的冒险精神，但却缺乏魄力和勇气将之付诸行动。

喜欢珍藏旧照片的人，有比较强的表现欲望，希望他人能够更多地了解自己，对各种事物的接受能力比较快，即使是很糟糕的事情，他们也会开导自己，让自己逐渐地接受。

喜欢珍藏旧衣服的人，怀旧情结很浓，有些自负，常常自以为是，并且对自己的思想充满自信，寄予很大的希望。

喜欢珍藏婴儿鞋的人，有比较浓厚和强烈的亲情意识，非常爱自己的家人，同时也希望自己能够得到家人的爱。他们对新鲜事物接受起来比较困难，更不会轻易去寻求改变，有时显得很严厉和固执。

九、阅人读心之行为泄密

在人的行为举止中，通常隐藏着大量真实的信息，反映了人的心态、性格、感情和欲望，等等。我们可以通过一个人的行为举止来观察他真实的内心世界，从而见机行事，我们的难度在于必须提前做出判断和反应，否则，恐怕就会比较被动了。

不同姿态走出不同的精彩

英国心理学家莫里斯经过研究发现了一个有趣的现象：人体中越是远离大脑部位的动作，越是可能表达其内心的真实感情。从脸往下看，手位于人体的中间偏下部位，诚实度可以算中庸，研究发现，人们或多或少在利用手来说谎。脚离大脑的距离最远，相比之下人的脚部要比其他部位"诚实"得多，因此，脚的动作能够泄露人们独特的心理信息。

与其他的肢体语言一样，脚的动作有特殊意义。汉语中很多词语都是用来描述脚的动作的，例如轻、重、缓、急、稳、沉、乱等。这些形容词与其说是描写脚步，不如说是在描述人的心态：稳定或失衡，恬静或急躁、安详或失措等。

人们能够从"脚语"来判断一个人的性格或心情。

行为学家明确指出："在一般情况下，要判断对方的思想弹性如何，只要让他在路上走走，就可以基本了解了。"一个人的心情不同，走路的姿势也就不同；每个人的禀性各异，走起路来也有不同的风采。

除了走路，在其他场合下的"脚语"也能表露出某个人的心理活动。例如，一些参加面试的人，虽然他们冷静地坐着，表情轻松，面带微笑，肩膀自然下垂，手的动作和缓，看似雍容自若。但你看看他的脚，两只脚扭在一块儿，好像在互相寻求安全感；然后他的两脚分开，几乎不为人所察觉地轻轻晃动，好像想逃走；最后，他们又两腿交叉，而且悬空的一只脚一上一下地拍动。虽然坐着没动身，两只脚却泄露想脱逃的意愿。

因此，可以说，在泄露人的心理活动这一方面，脚是全身最诚实的部位。可惜很多人都顾不上或不注意观察这个部位，对这方面的知识也缺乏了解。

走路低头的人沮丧，有的人走路的时候总是拖着步子，把两只手插进衣袋里，头常常低着，只埋头走，不抬头看路，不知道自己最终要去哪里。这样的人往往是碰上了难以解决的问题，到了进退维谷的境地。很多快要走入绝境的人常常有这样的表现。

走路前倾的人谦虚，有的人走路总是上体前倾，而不是昂头挺胸。这种人的性格比较内向和温和，为人比较谦虚，一般不会张扬，很注意严格要求自己，很有修养。他们的脚步有时很慢，不时还会停下来踢一下石头，或者捡起什么东西来看一下，然后又丢下。从一般的情况看，有这种行为的人往往心事重重。

走路沉稳的人务实，有的人走路从来都是不慌不忙的，哪怕碰到了最重要最紧急的事。这种人办事历来求稳，无论做什么事情都要"三思而后行"。这样的人比较讲究信义，比较务实，一般来说，工作效率很高，说到做到。

走路两手叉腰的人急躁，有的人走路两手叉腰，上体前倾，就像一个短跑运动员。他们可能是一个急性子，总希望在最短的时间之内跑完急需走完的路程。

这种人有很强的爆发力，在要决定实施下一步计划的时候常常表现出这样的动作。在这段时间里，从表面上看，他们处于沉默的阶段，好像没有什么大的举动。其实，这叫"此时无声胜有声"。他们的这种动作，实际是一个大大的"V"形，正是他们在告诉别人，胜利正在向自己走来，你们就等着我的好消息吧！

喜欢踱步的人善于思考，就姿态而言，这是非常积极的姿态。但是旁人可能对踱步者讲话，因而可能使他思绪中断，并且干扰到他正想作的决定。多数成功的推销员了解：要让踱步的顾客单独思考是否决定购买自己所推销的商品，不要去打扰他，这点是很重要的。当他想要问问题时，他才停止踱步思考。有许多成功的谈判乃至于一方咬着舌头不吭气，让另一方继续决策行为，在地毯上踱方步。

高抬下巴走路的人傲慢，有的人走路的时候，下巴高高地抬起，手臂很夸张地来回摆动，腿就像高跷一样显得比较僵硬。他们的步子常常是那样的稳重而迟缓，好像刻意要在别人的心目中留下深刻的印象。这种人非常傲慢，如果不想与这样的人对抗，在他们的面前最好表现得谦虚一点。

漫步的人外向，端步的人内向，有的人走路总是不正规，就像玩儿似的，一点儿也不规范。这种人与喜欢踱步的人正好相反。他们属于外向型的人，对周围的一切事情都感兴趣。

这样的人对什么事情都不会很认真，可以接受各种各样的意见。人们称之为曲线形的人。

因此，泄露人的心理活动这一方面，脚是最诚实的部位，所以对此加以了解是必要的。

站姿体现人的自信与风采

　　站立的姿势也可反映一个人的性格特征。一些人在站立时，抬头、挺胸、收腹，两腿分开直立，两脚掌呈正步，像松树一样挺拔。这种人一般健康自信，因为自信，所以这种人做事雷厉风行，魄力十足；这种人很富有正义感、责任感，很受人们的青睐。

　　与之相反，站立时弯弯曲曲、头部下垂、胸不挺、眼不平的人，则是自信心不足，做事畏缩不前，对风险和责任望而生畏。这种人可能天生就是偷鸡摸狗的材料，因为他们做贼心虚，所以头抬不起，胸不敢挺。还有一种人也如此，那就是一辈子与药罐子为伍的人，当然，这种人不是不想挺直腰做人，而是因为生病之故。

　　有一种站立姿势则是前面两种人的一个折中。这种人有着不倒翁的能力，他们遇着南风往北边倒，遇着北风往南边倒。为了不倾不斜，这种人尽阿谀奉承、拍马钻营之能事。这种人还善于伪装，伪装得让人觉得马屁拍的声音不大，但很温柔舒服。因此，这种人一般深藏不露，城府很深，有的可以用心肠歹毒和阴险狡猾来形容，所以面对他们应该小心慎重。当然，他们这群人中也混有那些缺乏主见、优柔寡断之人。

　　人们一般提倡丁字步的站姿：两腿略微分开，前后略有交叉，一

只起平衡作用，身体的重心则放在另一只腿上。这样不显得呆板，既便于站稳，也便于移动。站立的姿势适当，你就会觉得呼吸自然、发音畅快、全身轻松自如，特别有助于提高音量。只有好的站姿，才能使身姿、手势自由地活动，才能把自己的形象充分地表现出来。站立姿势，只有给人以直、挺、高的美感，才是最好的站姿。

所谓"直"，就是站立时脊柱与地面保持垂直，在颈、胸、腰等处保持正常的生理弯曲，颈、腰、背后肌群保持一定紧张度。

所谓"挺"，就是在站立时身体各主要部位舒展，头不下垂，颈不扭曲，肩不耸，胸不含，背不驼，髋、膝不弯。

所谓"高"，就是站立时身体重心提高，并且重点放在两腿中间。

站姿是性格的一面镜子。我们应该细心观察周围的人，从他们站立的姿势语言去探知其性格心理。

坐姿是窥探内心的关键

坐姿是心灵的暗示。从坐的方式、坐的姿态、坐的距离中，都可以窥出一个人真实的意思，了解一个人心理上的动向。

在日常生活当中，人们的坐姿各具特色，千姿百态。每一种坐的方式，似乎是无意，而从这貌似随意的过程中，却可以探出其心理活动的规律。正确地观察一个人的坐姿，就必须观察其三个基本要求：

一是他坐下时与对方所保持的距离；二是此人对对方所采取的坐的方向；三是此人的坐姿是何种形态。

从坐的距离观人，谈到坐的距离，这个距离的大小，足可显示出侵犯对方身体空间的程度。也就是说，互不相干的人，假使距离过近，当然会产生不愉快或不安的感觉。彼此亦构成侵犯对方的领域。

相反，如果两人是情侣的话，即使身边空位再大，他们也会挤在一块儿卿卿我我。以此类推，同样是一个单位的工作人员，那些与领导沟通良好的人与对上级持有反感情绪的人员，其与上级之间选择座位的距离就会有所不同。

排座也相当有意思。领导赏识的人，或者想讨好领导的人会坐在领导的两旁或靠近的地方，以表示自己的忠诚与专心，而领导不喜欢的人，或对领导抱有不满情绪的人，通常会坐在离领导远的座位或者某个角落。这就表明了两者心理上的距离如同其座位间的距离一样大。

从坐的姿态观人，坐在椅子上时，有许多人马上脚就交叠或扶住椅把。坐在椅子上马上将脚交叠的人，是不喜欢输给对方且有对抗意识的表现。

和上司或顾客谈生意时，或会面时脚交叠的时候，会被对方视为骄傲的人，有损对方对自己的印象。

女性两肘靠在桌面上交叠的时候，同时又不断反复交叠后放下，放下之后又交叠的时候，是很关心对方男性的表示。在交谈期间，先将脚叠起来的人，是表示自己的优势。另一种脚稍微叠起一点点是表示心里的不安。

从坐的场所观察人，一般的情况下，宁可坐旁边而不坐正面的人，

是要推测对方的心理。情侣在一起的时候，是这种心理的表现。但也有些不是情侣，而坐在旁边的时候，当然也是推测心理的一种表现。此外这也含有亲近感、爱情或者不安定的精神状态等。

坐在对方的正面的时候，是想使对方能够了解自己。此时的特征是观察、敬意、哀怨、拒绝、小心等。初次见面与在生意上与对方接触的时候，这种场面经常可以看到。因此，请客的时候，把主宾请坐上位的礼貌，也是由此开始的。

也有一部分人喜欢找靠近房间门处的座位坐下来。这种人的权力意识强烈，但同时另一方面也有谨慎之处。此时的特征含有警戒、小心和监视的意味。

一般而言，素不相识的人在一个狭小的空间里，也会下意识地保留一定的空间距离。彼此不熟悉的人，靠得太近，容易引起他人心理上的不安和不快。在社会生活中，从这些乘车选座的小动作上，可以是了解一个人的很好机会。

就乘车来说，在始发站的车内，靠窗户两边的座位会有人抢着坐。这是因为最先上车的乘客总是想与其他人保持距离，尽可能找偏远位置而坐；其次，则选中央位置；然后，逐次坐填其他空位，直至坐满为止。

这种方式选择座位的人，大多数是属于性格拘谨、与世无争的人，他们缺乏积极的竞争意识，他们一方面维护自己的身体空间，另一方面也是尊重他人存在的一种表示。

但是，假使车内人潮汹涌的话，就无法有充裕的身体空间了。人们相互间挤来挤去，甚至动弹不得。这个时候他就会产生不愉快的感觉，不仅是由于个人身体失去自由而引起的，也因为心中认为自己的固有空间受到侵犯而造成。处在这种状态中的人，就会试图忘记自己的存在，把视线投到漫无目标的方向去，犹如自己变成物体任意受人摆布。因为既为物体，就不需要有任何意识的感情存在，而得以泰然处之。

这是大多数人在一般人际关系中，选择座位的方式。也就是说，在没有感情好恶的特殊心理关系情况之下，谨慎的人大都会选择足以保护身体空间的座位。

对人们而言，站立的姿势，乃是最适合活动的一般状态。

我们在坐着的时候，往往以立刻站起来的姿势为前提。浅坐于椅子上的情况，就是一个例子，显得比较紧张，而且处于随时可采取行动的状态。在心理学中，称之为"警觉性"高。但是，一旦处于放松状态时，"警觉性"便会降低，而且会悠然稳坐，大跷二郎腿。

凡是坐姿稳如泰山的人，在精神上大都处优势地位，或者是有意处于优势地位者，而居于劣势地位的人，大都采取立即站立的坐姿。

这种随时都在保持浅坐姿态的人，是在潜意识中欲表现对他人的恭敬和洗耳恭听的缘故。

此外，由一个人的坐姿所表现的心理，也有许多种。例如，一坐下来立刻跷起二郎腿的人，大都深具戒心及不服输的对抗心理。东方女性一般都没有跷腿的习惯；因此，敢大胆跷起二郎腿的人，表示对自己容貌颇具信心，也希望由此引起男人的注意。因此，这种女子自尊心极强，与异性交往时，要赢得其芳心或以心相许并非易事。

欲坐在客厅内角的人，权力欲较强，大致而言，背向房间内角而

坐的人较背向入口处坐的人，具有心理方面的优越感。

在现代企业中，有这样的一种面试方法，称为"紧张面试"。即主试人坐在房间内角的桌子后面，应试者则背向门口而坐，双方采取对坐方式。应试者由于背向门口，因此，心中容易忐忑不安。此种方法试图从应试者在不安定的心理状态中，了解其内心深处的反应。

由这些事例可以得出这样一个结论：在聚会场所里，尽量往里面坐的人，其权力欲也必定较强，同时，这种人对于可能加诸于本身的威胁，也特别敏感，因而会变得较为神经质，凡事都特别小心谨慎。

从睡姿了解对方的潜意识

观察和了解一个人的性格有很多种方法，但若说到一种最好的方法却并不多，睡姿是其中的一种。一个人以什么样的姿势睡觉，是一种直接由潜意识表现出来的身体语言。一个人无论是假装睡觉还是真正的熟睡，睡姿都会显示出一个人在清醒时、表露在外和隐藏在内的某种思想感情。对于自己而言，我们在很多时候并不知道自己在睡觉时采取什么样的姿势，不妨问一问身边亲近的人，然后根据实际的性格对比一下。除此以外，还可以对别人有个大致的观察和了解。

采取俯卧式睡姿的人，大多有很强的自信心，并且能力也相当突出。对于所追求的目标，他们的态度是坚持不懈，有信心也有能力实现它。在绝大多数情况下，他们都能很好地把握住自己。他们对自己有清楚的认识，知道自己是谁，也知道自己在做些什么。他们随机应变的能力比较强，懂得如何调整自己。另外，他们还可以很好地掩饰自己的真实感情，而不让他人看出一点破绽。

在睡觉时采用婴儿般的睡姿，他们的独立意识比较差，对某一熟悉的人物或环境总是有着极强的依赖心理，而对不熟悉的人物和环境则多恐惧心理。多缺乏安全感，比较软弱和不堪一击。他们缺乏逻辑思辨能力，做事没有先后顺序，常常是这件事情已经发生了，连准备工作还没有做好。他们责任心不强，在困难面前容易选择逃避。

侧卧，一般情况下，常常侧卧的人是个漫不经心的人，不能说这种人对生活不投入，但很多时候他们会当一个生活的旁观者，或许他们只是在游戏人生。事实上，这种人属于情绪型的人物，总是处在情绪的波动之中，做事情时感情色彩对他们的影响比较大。不过他们也有自己的长处，能很快忘记刚刚遇到的不快，而重新做自己的事。他们不仅是个耐心的听众，而且很多时候也愿作为一个参与者加入到交谈中。一般情况下，他们从不为自己树敌，很多人都能与这种人和平共处。

日常生活中，这种类型的人一般都有很好的表现。当然也有大失水准的时候，这跟他们波动的情绪有关。这些人对自己的内心世界也有较深的了解，深知自己存在的缺点，但并不打算去改变，他们始终认为人无完人，况且现在的生活已经相当不错了。所以，他们也不会去做些没有报偿的事情。

独睡，独睡的人一般是具有自恋倾向的人。

一般来说，喜欢独睡的人无论在生活和工作中，都是一个独行主义者。他们极度重视自己的私人空间，认为那是神圣不可侵犯的，自己的领域不会随便让别人闯入，即使对方是自己最亲密的人。

这种人的最好伙伴就是孤独，因此他们一般没有太过亲密的朋友。在成长过程中，他们已习惯了独立解决问题和应付一切困难。这种人太喜欢独自一人生活了，他们把自己的感情世界看成是生命的堡垒，从不邀请别人走进自己的内心与之倾心交谈。在生活中，他们完全是一副自给自足的样子，从来不信任任何人。他们不想别人干涉自己的私人生活，也并不会认为他人关心自己是有意与自己为敌。

裸睡，习惯裸睡的人一般是感性生活者。

一般来说，许多北方人都习惯裸睡。喜欢裸睡的人向往自由和轻盈的东西，所以，被束缚了一天的身体已经够难受的了，当晚上回家后，他们就想要自己彻底放松。

从这种类型人的行为中可以感觉到，他们是比较感性的人，做事情时，他们一般靠感性去作决定。例如当这种人新结识一个人时，他们不是按照通常的方法去认识这个人，而是完全凭自己的直觉去判断这个人，看他是否值得自己去结识，所以他们的成功和失败是完全对等的。

喜欢睡在床边的人，他们会时常缺乏安全感，理性比较强，能够控制自己，尽量使这种情绪不流露出来，因为他们知道事实可能并不是这个样子，那只是自己一相情愿的想法。他们具有一定的容忍力，如果没有达到某一极限，轻易不会反击、动怒。

在睡觉时整个人成对角线躺在床上，这一类型的人多是相当武断的，他们做事虽然精明干练，但绝不向他人妥协，态度是我说怎样就怎样，他人不得提出反对的意见。他们乐于领导别人，使所有的事情在自己的直接监督下完成。他们有很强的权力欲望，一旦抓住就不会轻易放手，而且越抓越紧，绝不愿与他人分享。

喜欢仰睡的人多是十分开朗和大方的，他们为人比较热情和亲切，而且富有同情心，能够很好地洞察他人的心理，懂得他人的需要。他们是乐于施舍的人，在思想上他们是相当成熟的，对人对事往往都能分清轻重缓急，知道自己该怎样做才能达到最好的效果。他们的责任心一般都很强，遇事不会推脱责任选择逃避，而是勇敢地面对，甚至是主动承担。他们优秀的品质赢得了他人的尊敬，又由于对各种事物能够做出准确的判断，所以很容易得到他人的依赖，也会为自己营造出良好的人际关系。

双脚放在床外的睡觉姿态是相当使人疲劳的，但还有人选择这样一种睡姿。这一类型的人大多是工作相当繁忙，没有多少休息时间的人。他们的生活态度是相当积极和乐观的，在绝大多数时候显得精力充沛，而且相当活泼，为人也较热情和亲切。他们多具有一定的实力和能力，可以参与加入到许多事情当中，生活节奏相当快。

头摆在双臂之间，脸朝下，背部朝外，膝盖缩起来，藏在胸部下方，采取这样一种睡姿的人，一般具有很强的防卫心理，并且这种心理时刻存在着，准备随时出击。他们的自主意识多比较强烈，不会听从他人的吩咐或摆布，去做一些自己并不愿意做的事情，更不会向权势低头；假如有人强行要求他们，他们就会采取必要的措施来应付。

双手摆在两旁，两脚伸直坐着睡，这种睡姿在生活当中并不多见，

但仍然存在。这一类型的人多时刻处在一种高度紧张当中，他们的生活节奏多是相当快的，而且规律化极强。每天在什么时间做什么事情似乎已固定下来，而他们在这个过程中，身体和思想在自然而然中也形成了一定的规律，俨然条件反射一般。

双臂、双腿交叉在一起睡觉的人，自我防卫意识大多数比较强，不允许他人侵犯自己的空间。他们的性格是非常脆弱的，很难承受某种伤害。他们对人比较内敛、冷漠，经常压抑自己而拒绝真情实感的流露。

在睡觉的时候习惯握着拳头，好像随时都准备应战，这一类型的人假如把拳头放在枕头或是身体下面，表示他正试图控制这种情绪。假如是仰躺着或是侧着睡觉，拳头向外，则有向人示威的意思。

通过手势识人

在与人交往中，手势已经成为了其中很重要的一部分，它起着加强语言的力量，丰富语言的色彩等补充和说明的作用，更有时候，他甚至能够成为一种独立而有效的语言进行使用，它还可以帮我们看准一个人。

当然，这些手势都是在生活当中约定俗成的，大家都懂得，但这些手势在不同的地区、不同的国家、不同的宗教信仰和文化背景下，人们的理解可能会有一些差异。

一般来说，有意图的手势传递的信息量往往更大，如挥手表示再见，双手比画一定的尺度大小，竖起大拇指表示对某人的称赞，竖起小拇指则表示轻蔑，食指弯曲与拇指接触，呈圆形，其余三指张开，表示某件事情已经完成，即"OK"。而拇指和食指伸直，呈垂直状态，其余三指并拢，成大致的枪形，则表示怀有某种仇恨，有发泄的欲望，等等。

喜欢把手指放到嘴边咬指甲或是吮吸手指的人，无论外表多么高大健壮，但他们在精神和心态上还是比较幼稚的，因为真正成熟的人绝对不会有这样的行为。

通常，一个人的手指若不停地动弹，多是他目前正处在一种非常紧张的状态中，而感到无所适从，凭借这种方式来转移自己的注意力，以缓解紧张的心理。用手指轻轻地敲打桌面，暗示这个人可能陷入某种困境当中或是在思考解决问题的办法，或是处在犹豫之中，不知道某个决定到底是该下还是不下，也有可能是这个人不耐烦，用这种方式来减轻一下烦躁的情绪。

一个人如果经常做出让人感觉到非常有力量的手势，说明这是一个有勇气、有魄力，凡事敢作敢当，能够承担一定责任的人。这一类型的人做事非常果断和坚决，一旦想做，就会付诸行动，而且有一定的韧性和毅力，不会轻易放弃。

一个人如果经常有较无聊的手势和动作，说明这个人的自制能力比较差，且比较重视表面化的一些东西，虚荣心和表现欲望比较强烈。

在与人交往中，突然用两手紧紧地抱住胳膊，身体稍微有些向后

仰或是双手叉腰，身子前探，这都表示对对方的话持不赞成的态度。

在听人讲话时，把双手插进口袋里，这是一种很不礼貌的行为表现，会让对方产生一种不被信任的感觉。在说错某一句话时，赶紧用手捂住嘴，做遮掩之势，这样的人多性格比较内向，而且腼腆，说错话以后会非常后悔，并感觉不好意思而耿耿于怀。

十、阅人读心之微处辨识

　　一个人在生活细节上的表现，不仅仅透露出一个人的性格，还可以反映人的潜意识，反映人潜在的愿望。在观察人、识别人时，假如不善于知人，就会鱼目混珠、忠奸不辨、智愚难分、滥竽充数。如此，轻者会埋没人才，重者则贻误事业，因此，我们在识人时必须知人以微、知人以细，要从小处、生活细节识人，以小见大。

生活细节反映内心愿望

心理学家莱恩德曾说过这样的话，他说："人们日常做出的各种习惯行为，实际反映了客观情况与他们的性格间的一种特殊的对应变化关系。"

在我们的日常生活当中，会自然而然地产生并形成一些具有某种特定意义的小动作。因为这是在不知不觉中形成的，具有很强的稳定性，因此，很难在轻易之中一下子就能改正过来。改正不过来，就随身携带，这就为我们通过这些小动作去认识、了解、观察一个人提供了必要的方便。

两脚自然直立或并拢，把双手背在背后，这是一种充分表现出自信心理的姿态。习惯于做这种动作的人，一般而言都具有某一特定的自我优越感，更进一步地说是具有一定的知识水平和社会地位，能够担当起领导他人的责任而不是被他人领导。他们多会和别人的关系处得很融洽，这或许是出于维护自己现有的一切的一种需要。

两手习惯插在衣服口袋里，并不时地伸出手来然后又插进去，两脚自然站立，此类型人的性格大多是比较小心谨慎的，任何事情想的都要比做的多，但由于想得过多，瞻前顾后，行动起来常常畏首畏尾，反而不能大刀阔斧，因此，最后的结果反倒大多数不会让自己太满意。

在学习、生活和工作当中，这样的人大多缺少灵活性，为了避免风险，多用一些老套的方法去解决某些问题。这样的人害怕失败，是因为他们没有承受失败的良好心理素质，在挫折、打击和困难面前，他们往往是怨天尤人，灰心丧气，而不从自己身上寻找原因。

在很多时候，除用语言之外，人们还习惯于用"点头"和"摇头"来表示自己对某一事物的看法，是肯定还是否定。常常习惯于做这样动作的人，虽然很会表现自己，却也很容易引起他人的反感，产生不愉快的情绪，因为这种表示有些时候会被人误以为你是没有真正地用心去听他人的谈话而采用的敷衍的方法，因此需要注意。一般而言，常常摇头或是点头的人，他们的自我意识都是很强的。一旦打算要做某一件事情，就会非常积极地投入其中，并尽自己最大的努力把它朝成功的那一方面促进。

一时忘记了某件事情，冥思苦想老半天也没有丝毫的头绪，但在突然的一个瞬间，想起来了，许多人都会拍一下脑袋，叫一声"想起来了"。还有，对于某一个问题陷入困境当中，一时想不到好的解决办法，在突然之间有了灵感，也会做拍脑袋的动作。另外，就是做错了某一件事后，有所醒悟，对此表示十分的后悔，也多会这样做。虽然同样是拍打脑袋，但部位却有不同，有的是拍打后脑勺，有的是拍打前额。拍打后脑勺多是处于思考状态，这种动作的最大目的就是为了放松自己，以想到更好的应对办法，而拍打前额，则多表示事情不管是好还是坏，至少已经有了一个结果。

有些人心里想的、嘴上说的、手上做的常常会很不一致，比如，对于某一件东西，其实他是非常想得到的，但当他人想给予他时，他

却进行拒绝。口上拒绝着，但手却在底下接受了。此类型的人大多数比较圆滑和世故，且能十分老练而又聪明地处理各种各样的人际关系，使自己与他人保持和睦的关系。他们不到迫不得已时，是不会轻易地得罪别人的，即使得罪了，也会想方设法地去弥补，使之有挽回的余地。

常常触摸自己头发的人，其个性大多数非常鲜明而又突出的，他们对是非善恶总是分得相当清楚，且不肯有一点点的马虎和迁就。他们具有一定的胆识和魄力，喜欢标新立异，去做一些比较刺激、别人不敢做的冒险的事情。此习惯的人会不时地取笑和捉弄他人一番。

一般而言，他们有比较良好和稳定的人际关系，为人处世比较慷慨和大方，不会太斤斤计较，因此，很容易赢得人心。这种人多比较有心，能够通过生活中的某一个细节来寻找和制造机会以发展和完善自己。

习惯用腿或脚尖使整个腿部颤动，有时还用脚尖或者以脚掌拍打地面，这样的人多很懂得自我欣赏，有一些自恋情结。但他们比较封闭和保守，在与人交往中会有所保留，并且不太容易与他人建立良好的关系。

在与人交谈时，几乎总是伴随着一些手势或动作，以对所说的话起解释、强调和说明、补充的作用，如摊开两手、拍打手心，等等。

一般来讲，有此习惯的人，自信心都很强，具有果断的决策力，凡事说做就做，有一股雷厉风行的洒脱劲儿，很有气势。他们大部分属于比较外向型的人，在什么时候都极力想把自己打造成为一个核心的人物。

在抽烟的时候，喜欢吐烟圈的人，一个比较突出的特点就是占有和支配欲比较强，凡事喜欢我行我素，不被管制。大多数性格比较外向，乐于与人交往，并且够仗义和慷慨，凡事不太计较，只要能说得过去就可以了。因此，这样的人多容易得人心，在他周围总是团结着一些人，其性格在整体上大致如此。另外，还有可能通过他吐烟圈的形状看出其对某一事物状况的态度是积极的还是消极的。假如烟圈是朝上吐的，说明他的态度是积极的，充满了自信，反之，是表示态度比较消极，没有多大的自信。

在很多时候，习惯摊开双手的动作，意在表示很为难、很无奈，它似乎在告诉别人"我也无能无力，没有好的办法，你让我如何是好啊"的意思，同时可能还伴有耸肩的姿势，这从某一个侧面说明了这是一个比较真诚、坦率的人，当自己无能为力时，可以直言相告，而不是虚伪地去努力掩饰。

在与别人交谈、交往的过程中，自然地解开外衣的纽扣，或者干脆把外衣脱掉，此动作表示这个人在很多时候是相当真诚和友善的，说明他对交谈、交往的对象并没有持太多虚伪的礼节，因为在一定的场合，这样的动作极有可能会被误以为是对对方不尊重、不礼貌的行为，而他没有过多地注重这些，显然是并没有把对方当作是外人。至于那些一会儿把纽扣扣上，一会儿又解开的人，给人的感觉似乎就不太舒服。而这样的人又大多较意志不坚定，做事犹犹豫豫，迟疑不决，缺少果断的作风。

双手叉腰这大多数是在十分气愤时所表现出来的一种动作，这种人的性格中多含有比较执著的一面，凡事追求完整和清楚，而不会在

没有完全解决或弄清楚的时候就半途放弃。有时也可以是自己作为一个旁观者，观察某一件事或某一个人，含有一定要看个结果的心理。当一个人用手摸后颈时，多是出现了悔恨、懊恼或是害羞的心理情绪，这种人性格多是比较内向的，遇到某些事情时，常会以一些动作来掩饰自己的情绪。

通过生活琐事看人

生活中总是存在着这样那样种类繁多的杂事，它们有时候会给人带来许多的烦恼，甚至破坏人与人之间的感情，但这是生活中不可避免的。当然我们还可以通过琐事看准一个人。

喜欢打电话的人大多是性格比较外向、健谈、乐于与人交往的。他们做事比较干脆利落，不会占用做其他事情的时间和精力来做这一件事情。这一类型的人，往往智慧不足，他们时常需要他人帮自己出出主意。在面对一些比较重大的事情时，非常希望得到他人的鼓励和支持，才有勇气做出决定。

喜欢打扫房间的人，希望自己的生活每一天都过得充实、有意义。他们对自己的要求往往非常严格，绝对不容许自己放纵或偷懒，他们的生活节奏相当快，一件事紧接着一件，似乎永远也没有做完的时候，但他们又能把这一切安排到好处，而不至于显得混乱不堪。

喜爱阅读的人，多比较认真和仔细，一件事情，决定要做，就会集中精力、专心致志地把它做好。他们很有组织纪律观念，对一些纪律要求，会主动认真地遵守。随机应变能力比较强，一件事情，可能在做的过程中会出现一些不尽如人意的地方，但最后还是会顺利地完成。

喜欢吃零食的人，多意志不坚定，时常进行自我妥协，并且不断地找理由和借口安慰自己。

喜欢睡觉的人，从某种程度上讲比较软弱，缺乏积极主动性，不想通过先改变自己然后再改变自己所处的境况，而是把希望寄托在外界，只有在外界环境改变以后，自己才能寻求改变。他们非常善于寻找理由和借口为自己开脱，以推卸责任。

喜欢看电视的人，多是比较不切合实际、富有幻想的人，他们的绝大多数时间都是在白日梦中度过的，总是有着各种各样的美好的想象，但却不肯付诸行动去实现。

什么事都要做，整天忙得团团转的人，他们的心思多较缜密，常会观察到他人忽略的细节。他们对他人并不会轻易相信，什么事情，只有自己亲自做了，才会觉得放心，所以他们会成为许多人依赖的对象。他们有很强的责任心，总是为他人操心而忽略了自己。

从饮食习惯识别他人

吃饭是我们生命中不可缺少的一项重要内容，人只有吃饭，才能够维持生命的存在。但有的人吃饭是为了活着，还有的人活着只是为吃饭，这是两种截然不同的生活态度。吃饭是一个人从出生到死亡一直持续做的一件事情，所以会在自然不自然中养成一定的习惯，而从这些习惯中又最能表现出一个人的性格来。

喜欢站着吃饭的人，一般并不是特别讲究吃，他们会尽力讲求方便、简单，既省时又省力，只要能填饱肚子就可以了。他们在生活中并没有太大的理想和追求，很容易满足，他们的性格很温和，懂得关心别人，为人也很慷慨和大方。

边做边吃的人，一般生活节奏是很快的，因为有许多事情要做，他们表现得也比较繁忙。但他们并不以此当作是自己的烦恼，甚至还觉得很高兴。

边看书边吃饭的人，明显属于是为了活着才吃饭的人，他们吃饭只是为了满足身体的需要，如果不吃饭也仍旧可以活着，那么相信他们会放弃这一件既耽误时间又浪费精力的事情。边看书边吃饭的人，他们的时间表总是安排得满满的，为了能够做更多的事情，他们不得不千方百计地挤时间。这类人野心勃勃，并且也有具体的计划可以使自己的梦想变成现实。他们拥有积极向上的乐观精神，会把想法付诸行动。

边走边吃东西的人，虽然给人的感觉是来也匆匆去也匆匆，像是时间紧张的样子，但实际则不一定是如此，紧张很有可能是由于他们自己缺少组织性和纪律性而造成的。这样的人大多比较容易冲动，也会经常意气用事，常把事情搞到不可收拾的地步。

经常有饭局的人，多属于外向型的人，而且人际关系处得也比较好。这样的人如果不是有某一方面较突出的才能，具有一定的权力和地位，就是为人比较和蔼、亲切，并深谙人情世故，比较圆滑。

喜欢一边看电视一边吃饭的人，多是比较孤独的，电视或许是他们消除内心孤独的最好方式之一。

吃饭速度比较快的人，做任何事情都重视效率，而且也追求速度，他们总是希望在最短的时间内将事情做完做好。结果与过程对他们而言，前者相对要重要一些。

吃饭喜欢细嚼慢咽的人，与吃饭速度很快的人恰恰相反，他们是属于那种慢性子的人，凡事都能以缓慢而又悠闲的方式来做，这从一个侧面也说明他们是懂得享受的人。

喜欢在餐厅里吃饭的人，多是比较懒惰而又享受的人，毕竟在餐厅里有人侍候，而不用自己动手，但这样一个前提则是在经济条件允许的情况下。如果经济条件不允许还这样做，就显得不是那么恰当了。这样的人不善于照顾自己，但他们希望别人能够体会到自己的这种心情，然后来关心和照顾自己。他们不太轻易付出，往往会在别人付出以后自己才行动。

喜欢在家里吃饭的人，在一定程度上说明他们对家庭是相当重视的，具有一定的责任心。他们不太喜欢被人照顾和侍候，这样有时反倒会让他们感觉不自在，他们更倾向于自己动手。

由开车习惯观察对方心理

一个人控制汽车的方式和控制自己的方式有许多相似之处。如果把车子视为一个人肢体的延伸，那么开车的方式，也就是肢体语言的机械化身。一个人在方向盘后的举动，体现出了他每天的心情与态度。

按规定速度开车的人，车对他们而言只是一种代步的工具，他们开车的目的并不是为了寻找某种刺激，所以他们能够心态平和地以正常的速度开车。这一类型的人比较传统和保守，他们在为人处世中大多采取中庸的态度，即使有很大的胜算，也不会冒险。他们遵纪守法，从来不做出格的事。他们为人诚实可信，不马马虎虎，所以会与他人建立良好的人际关系。

行车速度比规定速度慢，这种人坐在方向盘后面会觉得害怕，觉得自己无法操纵一切。他们总是避免把东西放在自己手里，只要有人授权给他们，他们立刻把权限缩至最小。他们忌妒别人不断超越自己，而胆小怕事的个性也令自己的家人朋友失望。

在通常情况下，这一类型的人的忌妒心也是很强烈的，他们忌妒或是嫉恨那些超越自己的人。他们想奋起直追，可又常常跨越不出自我的樊篱。同时，他们对自己缺乏足够的自信，总是觉得什么也把握不住。他们在渴望的同时又在极力避免任何东西放在自己的手里，一旦有某些东西，诸如权力和金钱等掌握在自己手里，他们就会将其威力减弱到最小程度。

超速行驶的人，这种人不会受制于任何人，很积极向上，而且憎恨权势。多自主意识比较强，他们讨厌任何一个人为自己立下一定的规矩，并且也不允许有人这样做，如果有人企图要做的话，他们可能就会采取相当极端甚至是非常危险的方式来进行阻止，以维护自己。他们对生活的态度是积极、乐观和向上的。他们对名利看得相当淡泊，只是随心所欲，自己活得快乐就好。

习惯坐后座的人，由他人驾车，自己习惯于坐在后座上的人，一般来讲，他们的取胜欲望是相当强烈的，从来不愿意自己输给他人。他人的成就对他们来说是一种威胁，他们害怕自己会失败，所以会严格要求自己成功。正是在这种激励之下，他们才会不断地前进。他们的自信心很强，而且有良好的自我感觉，并不断地寻找机会以证明自己的重要性。他们希望他人对自己有强烈的依赖性，凡事都来征求一下自己的意见。

开车大声按喇叭的人，遇到红灯或是堵车等情况，大声地按喇叭，这一类型的人，大多是外向型的，脾气暴躁、易怒，在现实生活中，遇到不如意的事情，他们会经常尖叫、大喊、发脾气。他们随机应变的能力并不很强，尤其是在挫折和困难面前，往往不知所措。他们自信心不强，周围人对他们而言常常是巨大的威胁。他们很少有心平气

和的时候，总是显得焦虑和不安，而这种情绪的产生可能并没有什么原因或是理由。他们做事效率不高，自身的能力也不是很突出，看不到他有什么样的成就，但却总是显得匆匆忙忙的。

开车不换挡的人，他们多不希望自己的一切被他人安排得好好的，他们更热衷于自己独立去探索一条完全属于自己的道路来走，哪怕在这条路上到处都有坎坷不平，他们也毫不在乎。他们不会轻易地向别人请教，而是喜欢凭自己的感觉做事，与此相反，他们会时常给别人一些指教。他们具有一定的责任心，任何一件事情都能够尽职尽责。

只要绿灯一亮，就抢先往前冲，这一类型的人，多头脑比较灵活，反应比较敏捷，随机应变的能力强。他们习惯于凡事抢先一步行动，这从某种程度上讲为他们的成功创造了许多机会。他们对成功渴望往往要比其他人更强烈一些，他们有较强的竞争意识，生活态度也比较积极，但由于经验的不足，也会时常跌倒。

绿灯亮后最后一个发动车子的人，在他们的性格中，冷静、沉稳的成分比较多。他们在为人处世等方面都是比较小心和谨慎的，总是要等到具有一定的把握以后才会行动。他们追求的最终目的是安全有保障，给自己带来的损失越小越好，他们为了保护自己，很懂得收敛，从来不会表现得锋芒毕露，这样可以避免被人拒绝或是被人伤害。

从来不开车的人多自主意识不强烈，他们的依赖性比较强，缺乏足够的安全感，时常会陷入一种孤独、无助的境况里。他们多有较强的自卑感，时常进行自我否定，习惯于被人领导，而不是领导他人。他们缺乏积极的冒险精神，乐于跟在他人后边做事，这样可以逃避许多责任，出了差错，自己也不会有太大的损失。基于这一点，他们不会取得巨大的成就。他们很在乎他人对自己的评价，这几乎完全控制着他们的一举一动、一言一行。

永远没有驾照的人，开车但没有驾照的人在很多时候喜欢对他人指手画脚，但又总不能完整地表达自己的意图，最后做出来的结果，与想象的存在着很大的差距。他们希望自己的生活时刻充满足够的刺激，他们会不断地创造这样的机会。这一类型的人并不能称得上是十足的行动主义者，常常说得天花乱坠，但自我表现却充满了消极的色彩。他们是想赢但却怕输的性格。

从床型看人

人的一生有三分之一的时间都在床上度过，在床上睡觉、做梦，或只是躲在被子下。床是与人们分享最亲密想法和经验的地方。

由于一张床要能够实现上述的目的，所以，这张床必须是安全和舒适的，它能够反映出床主人的特性。

单人床，睡单人床表示从小到大的教育方式对他的道德观影响深远，而且他对自己的社交关系限制得十分严格。他是一个保守主义者，结婚之前，不会和别人分享自己的床。

四分之三的床，比单人床要大一点儿，但比双人床要小一点儿。

只要和某人同床睡觉，他喜欢和对方很亲近、很温暖地在一起。他或许没有伴侣，不过这段时间不会太长。他还没准备好对某人做完全的承诺，但是，他已经准备好付出75%了。

特大号床，他需要有自己的空间，而且这空间要很大。他需要玩耍的空间、逃避的空间。他不计代价避开被囚禁的感觉，为的是维持自己对自由和独立的渴求。特大号床表示，只要他想和他的同伴保持距离，随时都能做到。

圆床，他不晓得哪一头是床头，其实，他也不在乎，因为这样，生活才更有意思。既定的规则无法局限他，他喜欢把自己的床当作整个宇宙。

日式垫子，让自己睡在地板上，这种来自东方半斯巴达式的地板垫子，有股自律的意味。它们就像地板一样硬邦邦，而这点正合他意，因为他从来没打算让自己舒适自在。

镜子床，实际上他不太信任自己的情感，经常跳出来，仿佛在一旁观察自己。有了床上方的镜子，他才能够让自己相信一切真真实实地存在。

水床，这个人很善变，是个真正明白该如何"顺应潮流"的人。他可以把过去的经验完全融合在一起，使自己成为一个极度性感、令人满意的伴侣。

铜床，床就是他的城堡。四周有精巧的金属架，四角有四根尖尖的柱子。他觉得自己十分容易受伤，甚至在睡觉时，也需要保佑，才不会受到别人的攻击。企图卸下这种防御心的人，由于无法攻破周身这道坚实的堡垒而备感挫折。

自动调整床，只要轻按一下按钮，就可以抬高或放低头和脚，并且可以调整出上千种位置。他是个完美主义者，无论花多少成本，费多少心力。他为人严苛，难以取悦，刻意塑造环境迎合自己的需求和想法，而且坚持到底，别无选择。他不去顺应别人，但别人必须适应他。

早晨整理床铺，如果他通常在早晨下床后，就把自己的床铺整理好，那他是个爱整洁、擅长打扮自己的人。不过，如果他每天早上都一定要把床铺整理得漂漂亮亮，那就是有洁癖。他会把浴室的每一条毛巾都叠得整整齐齐，家中每一个角落都打扫得一尘不染，而且沙发上还盖了一层塑料套子。别人到家里来，根本无法放松心情，因为他无时无刻不在找寻掉落的尘屑。

早晨不整理床铺，曾有一位像严格的长官一样巡视你床铺的母亲，也不曾遇见一位像母亲一样检查床铺的严格长官。他自以为对人生的态度是怎样怎样的超然，其实，这一切反映在现实的生活里，不过显示出他是一个既懒惰又无纪律的人罢了。他的床变得邋遢透顶，邋遢到没有人愿意睡在上面。

从洗澡习惯看人

多数人每天都会沐浴，沐浴是一种生活享受，它帮助你把累积了一天的尘垢洗净，洗去疲劳，以清新的身体面对新的一天。不同的沐浴习惯也能暴露出他内心的秘密。

泡泡浴，喜欢泡泡浴的人乐观，大多很在乎自己的感受，相当纵容自己，可是到最后，却往往要付出沉重的代价。他们认为"人不为己，天诛地灭"。所以，在尽可能的范围之内，他们让自己享受快乐的人生。

这种人对自己的外表特别重视，经常做皮肤护理，还很小心打理自己的头发。在穿着打扮方面，他们并不注意追上潮流，他们最注意款式是否舒适大方，衣料是否名贵。

这种人的脾气属于温和型，但他们厌恶别人的侵犯或占便宜。遇到如此的对待，他们会不顾一切作出反击，因为保障本身利益对他们而言是很重要的。

蒸汽浴，喜欢享受蒸汽浴的人，多是工作十分疲劳或是能够很好地享受生活。做事既彻底又有耐性。他们相信"天下无难事，只怕有心人"，他们认为只要肯去做，没有什么事是办不到的。

他们具有一定的内涵，在为人处世各个方面比较深沉和稳重，能够抓住本质，由内向外观察问题、解决问题。这种态度能够为他们的成功带来很大的把握，但在人际关系方面，有些人会觉得这种人太过专横，有点难以相处。他们看不起软弱无能的人，觉得这类人不长进，但他们对权势却相当崇拜。

浴堂，有些人喜欢到公众浴室洗澡，赤裸着身体，与其他人一起泡在大浴池里。

经常如此洗澡的人，是一个不甘孤独与寂寞的人，因为这种人即使做别人视为极度隐私的事情时，也喜欢选择有一堆人在场。

这种人虽然未必是现代孟尝君，但他们对朋友相当乐善好施，有时宁愿先照顾朋友的需要，而忘记家人的痛苦。

按摩式淋浴，喜欢按摩式淋浴的人一般会投资一笔钱，在自己的浴室里特别安装一个可以调节水流大小缓急的浴缸。

他们相当追求物质上的享受，其内在哲学是：既然投胎做人，就应该尽情享受这快乐的人生。虽然他们花钱的方法不至于出手大方，但他们绝对也不是守财奴，他们认为钱是赚来用的，所以逛街购物是这种人的嗜好之一。

他们希望能够舒舒服服、快快乐乐地做人，绝少自寻烦恼，更不会涉入感情的纠纷。这种人唯一对自己稍有不满的地方，就是缺乏对灵性的追求。

冷水淋浴，喜欢冷水淋浴的人能够保持冷静，他们认为面对事情时，最重要的是保持头脑清醒，他们不希望被强烈的感觉左右了自己的判断能力。在别人面前他们经常以自己有理性、有逻辑为傲。

这种人很少公开批评别人，因为他们觉得这样做容易树敌，是不

理智的，但私下他们对每件事、每个人都有独特的见解。在事业方面，这种人追求专业知识及事业地位，渴望得到他人的尊重与赏识。

这种人吸引异性有些困难，因为在对方的眼中，他们属于比较冷漠的那类。如果这种人考虑一下多向别人表达他们的感受，人家会觉得他们平易近人些。

热水淋浴，这种人不分寒暑，经常把水温调得较高才淋浴。他们是"感受"型的人。

他们待人接物特别讲究第一感觉，如果他们第一眼接触某人就对他有好感，那么就会与他一见如故，迅速发展友谊。不然的话，他们会采取避之大吉的态度。

碰见喜欢的异性，他们有时会脱离现实（例如忘记自己已婚或对方已婚），而展开热烈疯狂的追求。或者，他们认为爱得痛苦才属于真正的爱，就好像要用灼热的水淋浴才能彻底把自己洗干净一样。

在吃的方面，他们也很追求味觉上的刺激，吃什么菜都要蘸点辣椒酱，喝清淡的汤也可能要撒胡椒粉！在衣着（包括领带）方面，他们喜欢选择鲜艳的颜色，款式上也尽可能追上潮流。

许多人都认为这种人是性情中人，喜欢跟他们打交道，不过也有同样多的人被他们的热情吓跑了。他们如果能把握自己的情绪最好，因为时时乱发脾气其实是相当令人讨厌的。

签名习惯透视人心

作为一个人的身份代号，名字越来越多地需要人们告诉对方，以使自己的交际圈愈来愈大，交际活动越来越频繁，于是，签名也成为人们生活中的一项重要内容。

一个人的签名就代表自己的形象，这是显而易见的事。从笔迹可以看出一个人是否有门户之见，是否冷漠无情，是否骄傲，是否对某物有偏见，是否目中无人，是否凡事顺从，是否心情不定，是否一板一眼，是否胆小，是否顽强固执或者是否备受压抑，是否反叛心强。

签名有美有丑，有大有小，千姿百态。签名在透露签名者个人的信息之外，他们的性格也可从中得以体现。

签名字体比一般字体大，如果他的签名字体比一般字体大，那他有自我膨胀的倾向。他希望别人只记得他的外表，而事实上，别人也经常只记得他的外貌。多年来，尽管他的成就实在不如他所设计的形象，但他的确已经学会如何让人清楚地记得他的外貌。

签名字体比一般字体小，他的个性和签名字体比一般字体大的人完全相反，他认为自己渺小而没有影响力。虽然他的构想可能很有价

值，可是他就是觉得一点儿价值也没有。他常常刻意避免自己应得的荣耀，自贬身价。找个人激励他，就是把心中的焦虑排解出来的最好方法。

难以辨认的签名，对世人而言，他是个谜，可能对他自己来说，他也是个谜。别人无法了解他，因为人们所得到的线索都与他的真正个性恰恰相反，但他并不在意这些。他早就学着成为一个矛盾的个体，久而久之，也就习以为常了。不过，当个谜样的人物也有好处，他会得到不少关注。

字小，且挤在一起，字都挤在一起，表示他想把最小的空间做最大的运用，也显示出他是个十分懂得精打细算的人。他知道如何使用一块钱。他喜欢在廉价商店买衣服。但是，很多时候他其实没省多少钱。

大写字、装饰字、花体字，为了克服心中的无力感，他把名字签得比自己真正的形象还要夸张、大。虽然他的签名看上去似乎很有艺术感，但他不过是佯装一副艺术的模样，并不是真正发展自己具备的天赋。比如，他可能花钱租一辆高级轿车、一件昂贵的珠宝或一幢乡村别墅；然而，这么做也不过是企图让其他人协助他膨胀自我罢了。

图案式签名，整体而言，他的签名高雅而有节奏感，事实上也的确如此。他的人就像他的签名一样，独特而有艺术气息。大写字、转折、一笔一画，以及平稳的力道，表示他对个人的品位有信心。他有创造自己流行风格和生活方式的天赋。

上升式签名，只要他继续走下去，就会愈走愈好。上升式签名代表了他的野心和必胜的决心。他计划登上爱和成功的阶梯，而且绝不放弃。他的签名并没延长、逐步消失的意味，它继续往前走、向上爬。

下降式签名，逐字下降表示你容易劳累，甚至觉得自己连维持一天的起码能量都没有。总而言之，他的生活中有挫折、沮丧和疲惫，他似乎很快便倒下去了。他的签名仿佛在说："为什么这么麻烦？为什么还要继续下去？"或者："为什么我不干脆消失算了？"

签名向左斜，其他字向右斜，假如说他连其他字也向左斜，那我们可以说，他就是那种喜欢违反本性的人。但是，假如他签名向左斜，但其他字向右斜，那表示，他只想留给他人冷淡而缄默的印象。在这些伪装的外表下，其实真正的他非常友好、善于交际，可能个性外向，并不会因为他人在场而觉得不自在。

签名向右斜，其他字向左斜，他和签名向左斜、其他字向右斜的人不一样，他是一位社交高手，经常一开始就成为宴会上的灵魂人物，因为他热情、诙谐又迷人。然而，在这样开放而自然的外表下，真正的他却不认为自己是团体的一分子，而且很可能只为了唱反调而反抗任何外来的压力。

波浪形底线，波浪形底线象征海洋，而他是一个软木塞，能够乘风破浪。他之所以有办法生存下去，是因为他深谙如何顺随潮流之道。无论是一个平和的鸡尾酒会，或暴风雨似的团体政治，他都有一套高超的技巧，让自己保持在水面上，而不至于没顶。

画圆圈式签名，他很孤单，不过这是他强加给自己的，是一种故意的行为。外在的世界很快便被他封闭起来，而他相信必须筑起一道

围篱，来保护他本人和自己的生活方式。他是一个孤僻的人，很讨厌别人干扰。也许他家外围的铁丝网都是通了电的。

签名后跟着破折号或句点，这种不寻常的记号表示他为人相当慎重，他会在事情失控之前就先行脱身。天生多疑的个性，使他的决定都拥有某种特定的模式，而且他可能只需要薄弱的间接证据，就可以定他人的罪。一旦有人令他失望，他们俩的关系就到此为止。他有种非凡的能力，能够找出那些曾经背叛过他的人，然后将其忘得一干二净。

由接电话习惯来判断对方

接电话是人生活中必需的行为习惯，从接电话的习惯方式中，我们可以分析出一个人的个性特征。

电话响起时，即使正忙着某项工作，也会放下手上的事接起电话。这种人是会遵守规则的人，属于领导的指示与公司的规定都会乖乖听从的优等生类型。他们有表里一致的性格，对于外界的刺激会很敏锐，但如果遇到预料之外的事情就会紧张得不知所措。

电话响了好一阵子，仍然漫不经心。这种人总是很悠闲自在，一个个都不慌不忙，凡事都尽可能按照自己的意图行事，就算改换指示或规则，仍会以自己的标准去作衡量判断，然后再做些改变。他们个性松散，不时地为别人制造一些麻烦，同时又不怎么擅长与人沟通，所以一般没有接电话的习惯。

如果有身边其他同事的电话响起，他们也绝对不会替别人接听。他们一贯认为别人是别人，我是我，没有协调性与团队概念，所以不适合团队的工作，而且会破坏规则，与领导反抗。但是他们如果有出色的工作能力，那就会赢得其他人的尊敬。

电话铃声刚响一两声，无论自己身在何方，都会快步冲来，拿起听筒，如果对方暂时没有回应，会对着话筒高声呵斥几声，然后啪地一声摔上电话，再接着忙自己的事情。如果电话要找的人恰好不在现场，没有耐心询问对方的单位名称、姓名。这种人一般脾气火暴，急躁，容易与人计较从而发生口角。

电话响起，如果手头工作较忙，他会让电话在长久的等待中响着铃声，然后不紧不慢地踱步过去。如果此时的电话是多日不见的老熟人，他便会暂时放下手头的工作，与人天南地北地聊起来，并不在意身边是否有同事恰巧要用电话。这种人有太强的自我意识，容易在领导面前做假态，在弱者面前逞强。

接电话总是嗯嗯啊啊，没有更多的话，对于再熟悉的人，也不会家长里短，甚至连一句礼貌的问候都没有。这种人对待任何事情往往都不会有太多的热情，自视清高。经常摆出一副"事不关己、高高挂起"的明哲保身的态度。

打电话习惯性地记下要点的人，在接听电话前就把便条纸准备在手头的人，是思考很周到的人，他们对于自己的工作有很严谨的规范，会注意到小细节，绝不会敷衍了事，很善于把工作做好。他们的长处

257

在于考虑周密、重感情，但遇到突发的情况，会有点无法适应。

接电话到需要记下信息时，才开始找便条纸的人。这种人是做到哪儿想到哪儿的人，做事缺乏计划性，很懂得随机应变，但情绪变化无常，做事了了草草，给人一种城府不深的感觉。

边说话边写无意义的话，这是讲电话时不用心，不管说什么都无所谓的最佳证据，这种人处在闲得无聊的状态。

讲电话时总是不知道手该放哪里。这是正对某个状况或某个人感到慌张、担心与不安，为了缓解这种压力而作出的反应。还有人喜欢边讲电话边用手指敲桌子，这也是同样的情况。这种人也可能会有突然大发雷霆的情况。

边做别的事边讲电话。一边整理桌上的书与文具，一边说电话，这种人不专心说话，还会随着其他事物转移注意力。如果自己不留意到这一点的话，将没有办法把握自己的行为举止，会造成注意力与体贴心不足。

边讲电话边做出行礼的动作。他说话时是带着感情的，会无意识地做出一些动作来，这个称之为自己的同调行动。因此所带出动作的感情是很强烈的，他不会说谎，个性积极又正直。

由刷牙的方式看生活态度

一个人刷牙的模样和方式，通常是由父母教导的。因此，在刷牙时所做出的许多无意识的动作正反映出他的人生态度。

上下刷，这表示，他有很好的自我形象，而且保有幼年时代学到的许多积极的价值观和道德观。事实上，他和父母之间的良好关系，成为他个人和工作上成功的主因。他擅长以一种非常不受限制的乐观态度去从事例行工作。在别人眼里，他是一位可以信赖、友善、快活的人，没有什么心机。

左右刷，他早就知道这样刷是错误的。那为什么有人要用错误的方法刷牙呢？可能是因为这些人在成长过程中十分叛逆。问题出在他目前仍在叛逆期，他总是唱反调，别人也发现他喜欢争辩，尤其爱争些鸡毛蒜皮的琐事。

只在清晨刷牙的人，他很在意自己留给别人的印象，而且可能会非常努力地依照别人的期望在过日子。大体来讲，他十分讲究自己的穿着，很懂得修饰自己，总是把最好的一面呈现在别人面前。每天早晨以精力充沛的崭新心情面对一切，是他心目中不可或缺的一部分。不过在潜意识里，他正设法把前一晚的自己清洗干净。

只在晚上刷一次牙的人，如果他只在晚上刷牙，那他只在乎一件

事情：不要蛀牙。他是个从来不说废话的人，喜欢以最少的精力来完成一件事，事情不必做得很完美，只要差不多即可。他通常说话算话，不多说，也不少说。

每天刷牙的次数超过三次，这样的行为是被迫的，由于长期缺乏安全感，就连最简单的工作，他也要一而再、再而三地来回检查。在每次外出赴约前，他可能会花上 3 个小时梳妆打扮，却仍旧认为自己不够好看。同一件事情，他一次又一次地请求别人帮他出主意，许多朋友都快被他逼疯了。

使用硬毛牙刷，使用一支会使他出血的牙刷，透露出他有一种需要接受惩罚的基本需求。基本上他相信，所有值得的事物，都必须付出痛苦和牺牲才能得到。甚至去看牙医时，他也请医师不要使用麻醉剂，因为他想证明自己可以忍受拔牙的痛楚。

用很少牙膏刷牙的人，没有人会责怪他挥霍无度。他很节俭，找到廉价、特价商品是他毕生最大的兴趣。他讨厌丢掉还可以用的东西，所以他在裤子上贴补丁，补鞋跟，重新整修家具，把所有东西都做了最有效益的使用。

用很多牙膏的人，浪费是他们最大的缺点，在生活当中的其他地方也别指望着他们能省下什么。由于心中强烈的不安全感，他有舍弃一切的倾向，而且，他所谓的"足够"是永远都不够。他极度挥霍，为的是让自己体会到幸福的感受。他所过的生活远超过他财力所能负担的限度。对他而言，这些都无所谓，只要每个月信用卡的账单能够付清就行了。但他们很有魄力，有能力和勇气去面对生活和工作当中的困难，所以能够有较为突出的成就。

牙膏盖不知去向的人，也许是大大咧咧所造成的，但另外一种情况是他们另有所思，他们通常具有很强的进取心。不愿意浪费刷牙的时间，所以在思考其他事情的同时也忘记了牙膏盖的位置。他们有一定的胆量，从不做逃兵，迎难而进，面对重大决策和问题时勇往直前。

牙膏用到牙膏管都卷了起来，他紧紧把握生命中的一点一滴，不单是牙膏而已。他是个吹毛求疵的人，一本正经，规规矩矩。他习惯把盘中最后一口食物吃完，不浪费任何一丁点，即使剩下，也会用塑料袋保存好。他制造的垃圾很少，只要想到要丢东西，就令他惶恐不安。

从牙膏管中间挤牙膏，他只关心眼前，不重视未来，是个及时行乐的人。他没有银行账户，假如有也只是一点儿股票、债券，或其他长期投资。

看涂写知道对方的愿望

或许我们每个人都有这样的经历：在工作无聊时在一张纸或是其他的什么东西上随便地涂涂写写。有心理学家指出，这种无意的乱涂乱写，往往能显示出一个人的性格来。因为人内心的真实感觉，正是通过涂写这个过程显露出来的。

喜欢画圆形的人，多凡事有一定的规划和设计，喜欢按照事先的

准备行事。他们多有很强的创造力和很丰富的想象力。

喜欢画三角形的人，理解能力和逻辑思维能力多比较强。在绝大多数时候能够保持头脑清醒，思路清晰，有很好的判断力和决断力，但缺乏耐性，容易急躁、发脾气。

喜欢画多层折线的人，多分析能力比较强，而且思维敏捷，反应速度快。

因为单式折线代表内心不安，所以喜欢画单式折线的人在很多时候都处在一种相对紧张的状态之中，情绪不稳定，时好时坏，让人难以琢磨。

喜欢画连续性环形图案的人，多能够将心比心，站在别人的立场上为别人着想。他们在大多数情况下都对生活充满了信心，而且适应能力很强，无论什么样的环境都能很快地融入其中。他们对现状感到满足。

喜欢在一个方格内胡乱涂画不规则线条的人，说明他的情绪低落，心理压力很重，但不会产生悲观厌世的想法；对人生还抱有很大的希望，并会寻找办法，解脱自己，朝积极向上的方向努力。

喜欢在小格子中画上交错混乱线条的人，有恒心有毅力，做什么事情都有一股不达目的誓不罢休的劲头。

喜欢画波浪形曲线的人，个性随和，而且富有弹性，适应能力很强。善于自我安慰，遇事愿意往好的方面想。

喜欢画不定型但棱角分明图形的人，多竞争意识比较强。争强好胜，总是希望自己能够胜人一筹，而事实上，他们也在不断地为此而努力，并且可以做出巨大的付出和牺牲。

喜欢画不规则曲线和圆形图形的人，心胸多比较开阔，心态也比较平和，对环境的适应能力很强，但有点玩世不恭。

喜欢画尖角的图案或紊乱的平行线的人，表明他的内心总是被愤怒和沮丧充斥着。

喜欢在格子中间画人像的人，朋友很多，但敌人也不少。

喜欢写字句的人，多是知识分子，想象力比较丰富，但常生活在想象当中，有点不切合实际。

喜欢画眼睛的人，其性格中多疑的成分占了很大的比例。这一类型的人有比较浓厚的怀旧心理。

喜欢涂写对称图形的人，做事多比较小心谨慎，而且遵循一定的计划和规则。

像云一样的弯曲造型，又像风扇和羽毛，喜欢顺手涂写这些东西的人对新鲜事物的接受能力往往是很强的，而且也具有很好的适应能力。曲线一条包含着另一条，表示他们对周围人是相当敏感的。在遭遇挫折和磨难的时候，他们多能够保持相对的冷静，积极寻找解决的办法，而不是不假思索，贸然动手。而且这一类型的人，他们时常会沉浸在某种幻想当中，有一点不切合实际。

小小短短的线，尤其是周围有一大片空白，这些线不是相互平行，就是成直角排列。喜欢顺手画这些东西的人多是性格比较内向的。他们对这个社会和自己所处的环境充满了恐惧感，总是想方设法地逃避。他们可能也很聪明和智慧，但通常不会有什么好的想法和创意，因为他们总是被一些无形的东西局限了正常的思维和思考，从而使得自己无法进行突破和超越。至于那些使他们受到局限的东西很大程度

上完全是他们强加到自己身上的。

喜欢画三度空间的正方体、三棱锥、球体等几何图形的人，他们多比较深沉和稳重，比较现实和实际，性格弹性很大，在大多数时候能够做到收发自如。在面对不同的情况时，他们能够及时地调整自己。他们善于将比较抽象的东西变成具体化、通俗易懂的内容。他们多有很好的经济头脑，是一块做生意的好料子。与人沟通能力也比较强。

习惯于画有角、两度空间的四方形、三角形、五边形等几何图形的人，他们多具有十分严密的逻辑性，而且是善于思考的。他们的组织能力相当强，但有时也会让人产生错觉，认为他们太过于执著自己的信念。他们对那些想改变自己或否定自己意见、看法的人简直无法容忍。他们在为人处世等方面多少有一些保守，但在面对各种事物时多能够做到胸有成竹，知道自己该做些什么，怎样做。

习惯画轮船、火车和飞机的人，从所画图形的表面上来理解，他们好像是旅行爱好者，希望把各旅游景点全部都看完，可事实上，他们这是在发泄自己的愤怒和挫折感。他们时常会失去希望，而陷入迷茫当中，并且在挫折和困难面前，表现得很消极。自信心并不强，对自己也不抱有什么希望，而总是把希望寄托在别人身上。

习惯画一些有趣的线条、圆圈或其他的图形，这一类型的人大多是极富有创造力的。对于很多未知的领域他们都有相当浓厚的兴趣，并打算进行尝试。对他们来说，没有什么事情是绝对的，他们时常自相矛盾，一个问题，或许会有很多种不同的答案。在生活中，他们时常会把自己弄得筋疲力尽，可到最后却还是无法理出一个完好的头绪。他们具有一定的才华，很博学，但却没有几样是非常精通的。

　　不断地画同一个图形的人，大多数具有很强的获知欲。一般而言，这一类型的人的希望变成现实的机会比较大，因为他们有股不屈不挠的精神，一旦确定下了目标，就不会轻易地改变。他们在遭遇挫折时有时候可能也会失望，但绝对不会轻易地放弃，他们会用最快的速度调整自己的心情，再去争取。他们有野心也有干劲，不管在什么时候都知道自己在做些什么。

　　不断地练习各种新鲜的字体，写着自己的名字，这一类型的人自我表现欲望是非常强烈的，可能会为此做出一些让人无法接受的事情来。他们会常常感到迷茫和无助，不知道自己该做些什么、不该做些什么。他们不断地重复写自己的名字，是一种潜意识的不断的自我肯定，目的是克服目前困扰自己的某种情绪。

　　喜欢画各种不同面孔的人，大多是借画画的过程来发泄自身内心的某种情绪。喜欢画一张笑脸的人一般多是知足常乐者；皱着眉头的则恰恰相反，或许是永远也不会感到满足；苦瓜脸或是扭曲变形的脸，多代表他们的内心是十分痛苦和混乱不堪的；大眼睛则代表他们的生活态度十分的乐观；一脸茫然，用一个平凡的点代表眼睛，或是一条直线代表嘴巴，则表示心里有疏离感。

　　喜欢画花草树木以及田园景象的人，大多是性情温和而又十分敏感的人。他们对形状和颜色常常具有比其他人都突出的鉴赏力。这一类型的人多在文学、艺术等方面具有相当的才华与成就。他们淡泊名利，与世无争，向往安静平和的生活。

看电子信箱知道生活质量

在现代社会中，通信设施越来越先进，方便和快捷的通信方式在很多时候使很多人忘记了还有写信这么一回事儿，写信进行沟通和交流这仿佛已是 20 世纪很久远的事情了。但这是针对一部分人而言的，写信的联系方式虽然在今天已经不如以前了，但在一定范围内还普遍存在着，所以对于从处理信件来观察一个人还是有必要的。另外顺便强调一下，随着科技的发展，很多人都上了网，到网上去交流，在网上发电子邮件其实也是写信的一种方式。

一收到信就打开并在最短的时间内写好回信的人，他们的时间观念一般来说还是比较强的，希望尽快地把事情做好，然后去做其他的事情，同时也不希望对方等得太久。但也有一种情况是，他们只是在对信件的处理上表现得比较积极，因为写信的人是他比较重视的，但在其他方面则比较散漫和随便，得过且过就可以了。

接到信以后不开信也不看就把它丢在一边不管，继续做其他的事情。这样的人，如果他不是存心要不要看信，就表明他的工作、学习、生活是很忙的，时间被安排得很紧，至于那些不是特别重要的信件自然就会放在一边等到时间充裕的时候再处理。当然，可能永远也不会有处理的时间。

接到信以后，请别人代自己打开信件，这样的人对别人多是充满信任感的，否则不会让别人替自己打开信，毕竟信是属于比较私人化的东西。并且他们不擅长隐藏自我，可以将许多秘密说出来与他人共同分享。这种人自我意识比较强，人际关系不会太好。但总的来说还是比较不错，他们虽然比较以自我为中心，但还较慷慨，凭这一点可以使自己赢得他人的信任。

接到信以后，先仔细地看一下寄信人的地址之后，再打开信看信的内容。这样的人，生活态度大多是比较严肃的，他们做事很有规则性，而且很彻底，要么不做，要做就一定要把它做得很好。

在接到信以后，进行一番选择，先把私人信件拣出来，看完以后再去处理其他的信件。这样的人多是感情比较细腻，而且特别重情谊的人，他们一般来说在性格上显得有些脆弱，需要得到别人的安慰和扶持，这也是对私人信件比较看重的一个非常重要的原因。

喜欢阅读垃圾信件的人，其好奇心是比较强烈的，他们希望能够接受一切自己感兴趣的东西。基于这一点，他们对新鲜事物的接受能力特别快。因为有些东西是比较无聊的，他们在看的时候，又练就了自己的忍耐力和宽容力。

与上一种人相反，见到垃圾信件就丢掉的人，他们在为人处世方面，都是比较小心和谨慎的，有自我防卫意识，不会轻易地相信某一个人。这一类型的人多少有些愤世嫉俗，所以显得不够圆滑和世故，所以人际关系会存在着一些不如意之处。

信箱总是满满的，从这一点就可以看出，其人际关系是相当不

错的，有很多可以用写信的方式进行联系的朋友。这种人多属外向型人，为人多比较随和亲切，能够关心人，为他人着想，所以很容易获得他人的信任和依赖，他们很满足于这种什么东西都有很多的良好感觉。

与信箱满满相对，信箱总是空空的人，性格是比较孤僻和内向的，不太容易与他人进行沟通和交流，心里有很多属于自己的隐私，但他们不会将这些说出来与他人分担和分享。这样的人由于性格注定自主意识比较强，凡事不用征求其他人的意见，就有自己的主张，常我行我素。他们常走极端，不是过分的坚强，就是过分的脆弱。

从办公桌的状态看人

每个人在工作时都有属于自己的一张办公桌，那么在这张办公桌上，假如能够仔细观察的话，也可以发现其很多的秘密，这些秘密究竟是什么呢？这就要从办公桌所呈现出来的种种表象，观察一个人到底是属于什么样性格的。

抽屉与桌面大都是乱七八糟的人，他们待人多非常的亲切和热情，性格也很随和，做事一般仅凭自我的喜好与一时的冲动，三分钟热血过后，可能就会自然而然地放弃。他们缺少深谋远虑的智慧，不会把事情考虑得太周密，也没有什么长远的计划。生活态度虽积极乐观，但太过于随便，不拘于小节，常常是马马虎虎，得过且过，但是他们的适应能力较一般人要强一些。

抽屉和桌子都像是垃圾堆，找一样东西，经常要翻老半天，把所有的东西都翻个遍，到最后可能还是找不到，这样的人工作能力比较差，效率也很低，他们的逻辑思辨能力相当的糟糕，也多缺乏足够的责任心。

无论是办公桌的桌面上，还是抽屉里，都摆放得整整齐齐，各种物品都放在该放的位置上，让人看起来有一种非常舒服的感觉，这表明办公桌的主人办事效率很高，且他们的生活也有一定的规律，该做什么事情，总会在事先拟定一个计划，这样不至于有措手不及的难堪。他们中多数有一些很高的理想和追求，并且一直在为此而努力。但是他们习惯了依照计划做事，所以，对于一些意想不到的事情，常常会令他们感到不知所措。在这一方面，他们的应变能力显得稍微差一些。他们很懂得利用自己的时间，能够精打细算地用不同的时间来做更有意义的事情，而不是浪费掉。

习惯在抽屉里放一些具有纪念意义物品的人，大多数性格是比较内向的。他们不太善于交际，因此朋友不多，但仅有的几个却是十分要好的。他们很看重和这些人的感情，所以会格外地珍惜彼此之间的友谊。他们具有一些怀旧情结，总是希望珍藏下一些美好的回忆。但他们比较脆弱，很容易受到伤害，而且做事也缺少足够的恒心和毅力，常常会在挫折和困难面前不战而退。

不论从桌面上来看还是看他们的抽屉里，所有的文件都按照一定

的次序和规则放好，整齐且干净，这样性格的人，组织能力也较强，工作有一定的条理性，办事效率一般比较高，而且具有较强的责任心，凡事都小心谨慎，以免失误的发生，态度相当认真。这样的人虽然可以把属于自己的工作做得很好，但是有一点墨守成规，缺乏冒险精神，所以不会有什么开拓和创新。

桌面上收拾得非常整洁、干净，但抽屉里却摆放得乱七八糟，这样的人虽然有足够的智慧，但往往不能够脚踏实去做事，善于耍一些小聪明，在表面工作上做些文章。表面上看来，他们有比较不错的人际关系，但实际上，却没有几个人是可以真正交心的，他们也是很孤独的一群人。他们的性格多比较懒惰、散漫，为人处世并不是十分可靠。各种文件资料总是这里放一些，那里也放一些，没有一点规则，并且轻重缓急不分，这样的人大多做起事来虎头蛇尾，总也理不出个头绪来。他们的注意力经常被一些其他的事情分散，从而无法集中在工作上，自然也很难做出优异的成绩。他们也想改变自己目前的这种状况，但是自我约束能力很差，总是向自我妥协，过后又后悔不迭，可紧接着又会找各种理由来安慰自己。

从电话式样判断人心

通信技术以日新月异的速度发展着，通信工具变得越来越方便和先进。电话几乎达到了每个家庭都必备的程度，电话可以使人与外界进行更好的沟通和交流。一个人使用什么样的电话，在一定程度上表现出他在与人沟通时所采取的一种普遍态度，通过电话的类型，可以看出一个人的性格中友善、谨慎的成分有多大，对人是充满爱意还是心怀故意等情绪。

喜欢壁式电话的人，多具有较充沛的精力，他们可以在同一时间内同时做几件事情，而且这几件事情都能做得很好。他们多具有很强的社交能力，所以结识了很多不错的朋友，营造出了良好的人际关系。他们在与人交往方面要花费很大一部分的时间和精力，但这并不影响他们对家庭所负的责任和义务，他们能够做到两者兼备。

使用的是标准黑色电话的人，他们的生活多很节俭，从来不会乱花一分钱。他们对人有一定的戒备心理，并不会轻易地就相信谁，即使给予他人关心和帮助，也会在证实对方确实需要自己的关心和帮助之后才会给予。他们说话做事干脆、果断，说到做到，拿得起也放得下，从不拖泥带水，而且在任何情况面前都能保持冷静。他们不太在乎自己的穿着打扮，多以朴素的装扮示人。

271

公主型的电话是那些有很多浪漫情感的人所喜欢的，这一类型的人大多小时候娇生惯养，所以在长大以后会比较任性。他们多有较强的虚荣心，喜欢被好听的话和漂亮的东西包围着，而且还好做白日梦，生活有些不切合实际。但他们对生活的态度还是比较积极和乐观的，活得比较快乐，并且能把自己的快乐传递给他人，让他人也快乐起来。他们的思维多比较单纯。

选择能够记录下电话号码，然后自动拨号型电话的人，他们多有比较强的依赖心理，总是希望有人能够帮助自己解决一些问题。他们在面对压力的时候，常常会有退缩的念头产生。他们的生活总是显得特别忙碌，虽然十分珍惜时间，但到最后却往往见不到什么成效。

选择扩音器电话的人，他们多希望自己生活的空间是相当自由和开阔的，狭小或是密闭型的地方，总会让他们感到非常紧张。他们在很多时候会保持积极和乐观的生活态度，而且脾气很好，从来不会轻易动怒，对他人也具有一定的宽容力和忍耐力。

按不同的键会有不同的电子音符奏出不同的音乐，喜欢这种类型电话的人多是易冲动，脾气较暴躁，没有多少耐性的人。

喜欢样式奇特电话的人，该类型的人，在很多时候、很多方面都会显得与这个社会整体格格不入，他们言谈举止显得非常古怪和唐突，常常让人感觉无法接受。但是他们却较富有同情心，乐于与人交往。在紧急时刻，应变能力也比较强。

选择无绳电话的人多自主意识比较强，从来不希望被任何一件事情捆绑住手脚，这样他们就可以自由自在、随心所欲地想干什么就干什么。他们似乎永远都没有安静下来的时候，总是忙忙碌碌的。但是他们很聪明，懂得怎样才能不使自己招惹上是非。

选择隐藏式电话的人，多比较冷淡和漠然，并不希望与他人有过多的接触，他们不想让他人真正地走近和了解自己，所以在通常情况下都会隐藏自己的真情实感，而把一个虚假的自己呈现在他人面前。

而恰恰是他们这种对一切都漠不关心的态度会吸引很多人的注意力，成为一个焦点人物。他们很孤独，没有归属感。

通讯录隐藏的心态

目前因名片的大量使用，既显身份，又节省时间，同时还不受外界条件的限制，随时随地都可以使用；而手机的存储功能又给通讯录添了重要的一击，最大限度地节省时间和空间，因此，通讯录很有可能有被社会淘汰的趋势。但是对于多说人而言，通讯录还是一种相当重要的生活用品，名片总有用完的时候，手机没电的时候无论怎样也是工作不了的，因此，通讯录丢不得，浓缩其中的性格也不可不知。

没有通讯录的人，口袋里总是装着皱巴巴的纸团，上面记录着某个电话号码、有时胳膊上还隐隐约约有着昨天记下的电话号码、看过的书中夹着一张写着电话号码的纸条、墙上的电话号码更是密密麻麻。不仅电话号码漫天飞，其他的生活用品诸如脏衣服、袜子和鞋子等更是比比皆是。或许他们是为了创作而无暇顾及身边的这些琐事，

但一屋不扫却要扫天下的狂想恐怕没有几个人能够实现。

使用便宜通讯录的人，其最大的优点就是随时随地都可以丢掉而无半点的可惜，一般通讯录来自"一元店"或企业的赠品；对通讯录持有这样的态度，与对朋友和同事自然也没什么区别，轻轻松松地来，简简单单地去，没有拖泥带水的留恋。将心比心，他们很容易把别人忘记，同样别人也不会对他们依依不舍。他们较喜欢新鲜的事物，住处、工作、朋友，等等。

使用过于昂贵通讯录的人，他们选择这样的通讯录是为了提醒对方对他们珍视的程度，同时也向他们保证自己会极力维系彼此之间的关系。他们是头脑很清醒的一类人，知道自己这一生不可能单打独斗，一些能够给予自己帮助的人是必不可少的。由于生活艰辛和复杂多变，他们往往以失败告终，但心胸开阔的他们只会将一些名字更加的珍惜，作为一次教训的纪念。

使用皮包式或皮夹通讯录的人，生活中的许多事情都让他们畏缩不前，他们会莫名其妙地不安，比如，到新的单位工作、去探望一个有权威的人士、到医院检查身体；等等。这时，他们一点也不会显得紧迫或着急，他们很清楚哪个朋友可以帮助自己渡过这个难关，因为他们相当自信自己所建立起来的人际关系网，怀揣着这样的通讯录，无疑拥有了一颗定心丸。

每年都要更换一次通讯录的人，将时常联系或有用的人更换到新的通讯录上，不经常联系或不联系的人连同旧通讯录一同丢进垃圾桶，因此，他们给人的感觉是有点势利眼。这种做法虽然让人很恐惧，但要清楚的是这是诚实的表现，他们不会做虚伪的事情，从来都将真

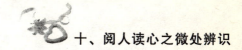

实的自我呈现在大众的面前，这也是干脆利落的表现。

具有珍藏通讯录习惯的人，往日所有的感情都归结于历史，尽管消失得很远，但他们依然希望能够再度地拥有。即使大家已经各奔东西，但他们还是会兴致勃勃地在无人的时候给故友打个电话，尤其是旧情人，虽然经常得到他人的拒绝，但他们还是对其他的人深情依旧，将失望很快地忘记，他们是十足的情感王子。